Laraysière

Les Chasseurs
d'Éléphants

3e éd.

(1879)

LES

CHASSEURS D'ÉLÉPHANTS

EN NUBIE.

2e SÉRIE IN-8o.

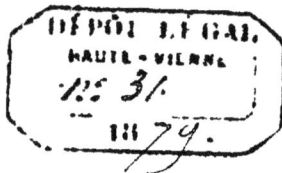

LES

CHASSEURS D'ÉLÉPHANTS

EN NUBIE

PAR LAVAYSSIÈRE

TROISIÈME ÉDITION.

LIMOGES

EUGÈNE ARDANT et Cie, ÉDITEURS.

LES
CHASSEURS EN NUBIE.

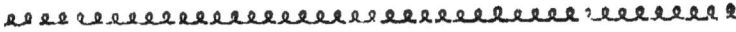

CHAPITRE PREMIER.

Ce que j'étais. — Court séjour à Paris. — Retour à la maison
paternelle. — Je deviens un chasseur remarquable. — Ce
qui peut résulter du regard d'un lièvre expirant. — Mes
goûts changent. — Projets. — Ma mère. — Ses hallucinations. — Une visite de médecin. — Je perds mon père et
ma mère. — Ma position de fortune. — Je reviens à mes
anciens projets.

Puisque la fantaisie m'a pris de parler de moi à
ceux qui voudront bien lire la narration de mes
voyages, il est tout naturel que je commence par me
faire connaître. Biographe suspect, dira-t-on, c'es
assez vrai; cependant je tâcherai de faire errer cette
opinion, et je parlerai de moi, non comme César, et
ses commentaires, à la troisième personne; je n'ai pas
le droit de me recommander à la postérité par le
meurtre, car la bataille est un meurtre sur une grande
échelle. Par le meurtre de plus de deux millions
d'hommes César se donna la satisfaction de faire ce
petit calcul! Ainsi, lecteur bienveillant ou indifférent,
je vous déclare, avant tout, que je n'ai tué personne,

sinon en défense légitime; lisez Cicéron *pro Milone*, et vous verrez que, même de son temps, la chose était licite et même permise à tout le monde. Cela dit, j'en reviens à ma personne : Quoique né sous le premier empire, à l'époque où le chef de l'Etat était obligé, ou, par pure disposition naturelle, ce qui pourrait bien aussi être vrai, à cette époque où le chef de l'Etat se croyait obligé de promener nos armées d'un bout de l'Europe à l'autre; quoique né à cette brillante époque du sabre et du canon ; quoique je visse des croix de la Légion-d'Honneur sur la poitrine de presque tous les hommes à moustache, cependant je ne fus tenté ni par les bulletins de la grande armée, ni par les *Te Deum*, ni par toutes les fumées de la gloire militaire, de me lancer dans ce grand courant qui a laissé des traînées de sang et de cadavres depuis Paris jusqu'à Moscow. Non, je ne fus nullement tenté; voyez l'originalité de mon caractère : quoique jeune, et quoique ayant dans les veines du sang gallo-franco-romain, je me tins là, laissai passer l'ouragan, et me trouvai en 1810 humble étudiant en droit, dans l'ex-bonne ville de Paris, qui depuis, dit-on, car je ne sais plus les choses de la vie que par les *on-dit*, a bu largement à la fontaine de Jouvence.

Elevé par une mère bonne chrétienne, sous la surveillance d'un père un peu rigide et qui m'avait toujours dit : « Eugène, tout ce fatras de conquêtes, de gloire, qui n'est que de la fumée, aura la fin prédite par nos livres sacrés, *qui ferit gladio, gladio peribit* (qui frappe par l'épée périra par l'épée). Ainsi, mon fils, reste tranquille : tu aimes la chasse; prends ton fusil et va chasser; tu parais te complaire à l'étude, j'ai une bibliothèque assez bien choisie : passe, avec les livres, le temps que tu ne pourras pas employer autrement. » Puis, par correctif, il ajoutait : « Par *autrement*, j'entends la chasse et la pêche, ce furent les occupations des premiers hommes, ils ont donc acquis un droit légitime. »

Avec de pareils principes, ayant reçu une telle éducation, la vie d'étudiant en droit ne m'allait pas le moins du monde. Je fis donc bientôt mes adieux à Cujas et à Barthole, au code Justinien et au code Napoléon, aux évolutions politiques de mes confrères d'étude, et j'arrivai chez mon père, en lui disant : Si je n'en ai pas trop de Paris, je puis vous affirmer, la main sur la conscience, que j'en ai assez.

Mon père, qui ne m'avait envoyé à Paris que pour suivre la coutume des gens aisés de notre province, ne me répondit que ce mot, après m'avoir cordialement embrassé : « Tant mieux ; » ma bonne mère en fut dans l'enchantement, surtout quand ils se furent assurés que je n'avais pas oublié mes prières, et que l'air empesté de Paris n'avait point altéré mes principes religieux.

Les années 1815—1816 s'écoulèrent pour moi si paisiblement, que je ne m'apercevais pas de la fuite du temps, et que je connaissais mieux les allures des lièvres de la contrée, le nombre des compagnies de perdrix, en un mot tout ce qui avait rapport à l'art vénérable du chasseur, que les événements qui se passaient en France. Les journaux me servaient à bourrer mon fusil ; c'est une bourre souple, molle, très convenable, je la recommande aux chasseurs.

Ne croyez pas cependant que je perdis mon temps ; non certes, car j'acquis une santé et une vigueur qui m'eût permis, sauf mauvais calcul et présomption, de passer quatre cents ans sans connaître le mot « médecin, » comme le firent les premiers Romains. C'est, je crois, le vieux Caton qui fit cette remarque.

Outre ces deux résultats, que tout homme sensé trouvera désirables, pourvu qu'il ne soit pas pharmacien (je suis si peu de mon temps, que j'ai failli écrire apothicaire), j'en obtins un autre qui me devint par la suite aussi utile, ainsi qu'on le verra, si l'on veut prendre la peine de me lire jusqu'au bout.

Je devins un tireur de première force, mais si sûr de la portée de mon fusil, que je pris l'habitude de ne plus me servir que de balles, laissant le plomb aux chasseurs du second rang.

Un jour (vous allez voir combien peu il faut pour changer la destinée d'un jeune homme), un jour, un pauvre lièvre fut chassé de son gîte par mes deux chiens. A l'instant où, pour sauver sa vie, la malheureuse bête faisait un saut désespéré, ma balle l'atteignit à l'épaule, le jeta sur le côté, il alla encore à quelque distance : j'arrivai. Non, je ne saurais vous peindre le regard qu'il lança sur son meurtrier. Il pénétra jusqu'au fond de mon cœur : comme éclairé d'une lumière subite, je me représentai ce pauvre être, créé par Dieu comme moi, souffrant comme je pourrais souffrir en pareille occurrence, et mourant de ma main. Il a vu ce matin l'aurore, me dis-je ; il était plein de santé et de vie, il s'est désaltéré dans la rosée, a brouté le thym et le serpolet de la lande. Il jouissait innocemment des biens que Dieu a mis à sa disposition ; et le voilà étendu, sanglant, son œil est plein de larmes, il souffre. Je détournai la tête, rappelai mes chiens et allai m'asseoir au pied d'un pommier ; une larme coula sur mes joues. Peut-être, me dis-je, qu'il n'est pas blessé mortellement : cette idée me donna le courage de retourner là où il était étendu. Hélas! ma balle était trop sûre, il râlait. Je m'enfuis, malgré les aboiements de mes chiens qui m'avertissaient que ma proie était là, sanglante, pantelante et déjà roidie par les convulsions de la mort! Je n'osai parler de ma faiblesse à mon père ; peut-être m'eût-il raillé. Ma bonne mère reçut ma confidence, une larme aussi coula sur sa joue ; elle m'embrassa sans prononcer un seul mot.

A partir de ce jour, je ne chassai plus ; mes journées se passèrent dans ma famille, dans la bibliothèque et à cultiver des fleurs. Il me fut impossible de manger du lièvre. Suis-je un original de première force ?

Un ancien sage a dit : *gnosti seauton* (connais-toi toi même) ; je suis presque sûr que tout sage qu'il était, il ne se connaissait pas lui-même. Les circonstances soulèvent toujours un coin de voile qui nous dérobe une qualité ou un défaut jusqu'alors inconnu. Je viens de vous dire, de vous prouver même, par mon changement de conduite, que j'avais pris la chasse en horreur. Patience, le vieil homme, avec ses habitudes de jeunesse, va montrer le bout de l'oreille. *Naturam expellas furcâ, usque adeo recurret* (tu chasses le naturel avec une fourche, il reviendra toujours.) J'étais né chasseur ; si je pouvais me flatter d'avoir déjà traversé plusieurs existences, j'oserais affirmer qu'une d'elles s'est écoulée dans le corps d'un Nemrod quelconque, car je n'ose pas remonter ma généalogie de l'âme jusqu'au Nemrod le chasseur d'hommes, et que cette existence dans le corps d'un chasseur s'est tellement imprégnée de la passion de la chasse, qu'elle déteint encore sur mon esprit.

Vous croiriez peut-être qu'un jeune homme de vingt-cinq ans, qui passe sa vie à cultiver des fleurs, à étudier les mœurs des abeilles, ou renfermé dans une bibliothèque, s'y occupait de l'étude de l'histoire naturelle, peut-être de littérature, peut-être d'économie sociale ou politique ? Eh bien! si cette idée vous est venue, je vous conseille de la mettre de côté avec bien d'autres. Je vais vous dire de quoi s'occupait ce modèle des jeunes hommes : il étudiait les mœurs des animaux carnassiers, lisait tous les voyageurs qui ont visité l'Afrique, s'extasiait au récit des chasses indiennes, quand la bête chassée n'était ni un lièvre ni une gentille gazelle, mais un tigre, tel qu'on en trouvo dans les mangles indiens ; un tigre qui vous étrangle un homme d'un coup de dent, l'assomme d'un coup de patte, et jette un bœuf sur son épaule et l'emporte comme le boucher emporte un agneau. La chasse au lion avait encore plus d'attrait pour moi ; là, je voyais la force, le courage et la majesté du roi des déserts. Ce ne fut que dans les derniers temps que je m'attachai à la chasse aux éléphants. Elle me parut la plus noble (non comme la fait le grossier nègre), parce que la force se trouvait secondée par l'intelligence, et que la lutte devenait digne d'un homme.

Il est bien entendu que je ne bornai pas mes projets à la seule chasse de l'éléphant, et que je me promettais bien de me procurer les émouvantes jouissances de la chasse aux tigres et aux lions. Me voilà, une carte d'Afrique sous les yeux, plusieurs relations de voyages ouvertes sur ma table, suivant l'homme à travers ces pays qui ne sont encore connus que de nom, et indiquant avec la pointe d'une épingle les lieux fréquentés par les grands animaux. Il y avait en moi trop de sève pour que je me bornasse à ces études ; je passai à la rédaction des projets, en un mot j'écrivis, je décrivis, je peignis des chasses imaginaires. C'est à ma mère que je lus ces genres de compositions ; la politique, depuis quelque temps, absorbait trop mon père pour qu'il daignât prêter l'oreille aux récits inventés par mon imagination. Il se passait des choses curieuses, entre ma mère et moi, durant ces lectures ; tous deux nous oubliions que ces récits sans réalité n'étaient bons tout au plus qu'à donner des distractions à l'esprit, et nous nous identifiions si bien avec notre lecture, que nous poussions des exclamations dans le genre de celles-ci : « Ah ! mon Dieu ! mais il va être dévoré, broyé sous les pieds de la bête, mis en lambeaux, quelle folle audace ! »

Je partageais naïvement ces impressions, je croyais réel ce qui n'était que fictif, et dans la description d'une autre lutte contre ces ennemis redoutables, je m'étudiais à inventer des situations émouvantes, de ces situations qui font, comme on dit, venir la chair de poule, en un mot, je suais sang et eau pour m'effrayer moi-même et faire partager mes frayeurs à ma pauvre mère.

Un jour qu'elle avait eu de ces émotions poussées jusqu'à la terreur, elle posa la main sur mon bras, et lisant dans mes yeux, elle me dit :

— Eugène, tu avoueras que les hommes qui s'exposent, sans nécessité, à de pareils dangers, sont insensés : l'instinct de la conservation est si intimement lié à notre existence que je ne comprends pas les fous qui vont chercher les dangers qu'ils peuvent ne pas courir !

J'aimais trop ma mère pour lui déclarer que je me sentais entraîné à commettre ces folies : si je lui lisais mes descriptions des chasses imaginaires, c'était pour satisfaire ce besoin de faire part de nos productions, même imaginaires, et donner une petite satisfaction à l'amour-propre.

Il faut que je fasse quelques pas en arrière pour que l'on comprenne bien ce qui va se passer dans notre famille.

Deux ans avant mon court séjour à Paris, une jeune sœur avait été enlevée à notre affection par un de ces malheurs qui laissent des souvenirs d'autant plus profonds qu'ils sont plus inattendus. Ma jeune sœur, en revenant de la promenade avec sa gouvernante, eut la malheureuse fantaisie d'entrer dans une prairie pour y cueillir des marguerites. Un taureau, rendu furieux par la couleur rouge du mouchoir qu'elle portait à son cou, se lança sur elle, avant qu'elle eût pu l'éviter : il l'enleva au bout de ses cornes et la jeta pâle et sanglante contre la barrière où se tenait la gouvernante.

Le soir même, la pauvre enfant, âgée de dix ans, expirait entre les bras de ma mère.

Cette perte douloureuse ne s'effaça jamais du cœur de ma mère, et elle avait conservé une tristesse intérieure que trahissaient la profonde langueur de ses yeux et les soupirs qui lui échappaient fréquemment. La religion devint son refuge; chaque jour elle passait plusieurs heures dans un petit oratoire qui remplaçait son ancien cabinet de toilette. Elle en sortait souvent le visage plus calme, même souriant; mon père respecta cette solitude : personne ne pénétrait dans l'oratoire aux heures où ma mère s'y était retirée, et nous espérions que ces douces pratiques de dévotion (car nous savions qu'elle y priait et y méditait), dissiperaient le reste de mélancolie si bien exprimée par ses regards.

Nous entrions dans l'année 1820, et nous donnions ce jour-là à dîner au curé de la paroisse et à son vicaire.

Je fus, peut-être, le premier à remarquer l'air étrange de ma mère : son visage, naturellement pâle, avait une carnation plus chaude; l'éclat de ses yeux, quoique toujours doux, brillait comme dans une transfiguration. Mon père, à son tour, remarqua ce changement et parut s'en réjouir. Le repas fut gai, nous croyions tous ma mère heureuse ; nous croyions que e temps, ce grand consolateur, avait enfin jeté du baume sur la blessure du cœur de la mère. Nous nous trompions sans nous tromper : ma mère se trouvait heureuse ce jour-là, mais elle n'avait pas oublié; tout nous fut expliqué à la fin du dîner.

J'ai dit que mon père s'était toujours beaucoup occupé des affaires publiques. Il s'entendait fort bien avec notre curé, tous deux étaient sincèrement attachés à la famille régnante; mais tous deux ne voyaient pas l'avenir du même œil. Mon père, ancien émigré, avait beaucoup vu, beaucoup observé. Il entrevoyait un avenir prochain accompagné de convulsions; le curé, plus jeune, ne connaissait la vie polique que par la lecture des journaux et des conversations avec ses amis pensant et voyant comme lui un avenir couleur de rose. Malgré la similitude des opinions, mon père et le curé avaient toujours de longues discussions quand ce dernier venait à la maison. Ce jour-là, les discussions ne furent pas mises sur le tapis, nous étions tous heureux du changement opéré dans l'esprit de ma mère, et, comme les autres jours, ma mère et moi ne nous établîmes pas à la fenêtre, pour nous livrer à ces entretiens où l'on se dit tant de choses sans avoir l'intention de se les dire. On fit cercle autour de ma mère . on recueillait ses paroles; on excitait ses réponses, et tout nous satisfaisait.

— J'ai toujours espéré, madame d'Aurigny, dit le curé, que la résignation à la volonté de Dieu et le temps calmeraient votre douleur si légitime.

Il attaquait maladroitement une corde qui vibrait au cœur.

— Je vois avec bonheur que mes espérances se réalisent.

Ma mère jeta sur lui un regard d'une ineffable douceur, et lui répondit :

— Monsieur le curé, vos espérances sont dépassées, aujourd'hui je me trouve la plus heureuse des mères.

Mon père me lança un regard rapide et investigateur : l'observation du curé avait amené deux rides profondes sur son front; la réponse de ma mère les avait effacées. Il était étonné.

— Que Dieu soit loué, reprit le curé, il y a dans les trésors infinis de sa miséricorde des consolations pour toutes les souffrances.

Ma mère resta un instant pensive, puis promenant sur nous des regards empreints d'une si merveilleuse impression que nous en fûmes tous émus, elle ajouta :

— Vous m'avez tous crue bien malheureuse ; vous avez eu raison de le croire ; mais j'ai eu, presque chaque jour, des heures de bonheur que les mots ne peuvent rendre. Je ne vous en ai point parlé ; je ne le devais point ; mais aujourd'hui, il m'est permis de tout vous dire.

A cette déclaration, je ne sais ce que j'éprouvai, non, en vérité, je ne le sais pas ; il me sembla qu'une influence rapide s'empara de tout mon être, et me rendit presque haletant d'attente. La même influence parut agir sur mon père et sur le curé ; quant au jeune vicaire, il écoutait avec une curieuse indifférence.

Ma mère continua :

— Après la mort de ma chère enfant, je sentis que j'avais au cœur une blessure qui ne se cicatriserait jamais. Mon âme s'éleva vers Dieu ; c'est de lui seul que j'attendais la force et la consolation. Le petit oratoire dans lequel je me retire chaque jour pour prier a, sous l'image du Christ, un portrait de ma chère enfant. Lorsque je priais, dans les premiers temps, mes yeux étaient continuellement fixés sur ce portrait chéri, les larmes coulaient silencieusement de mes yeux. Je m'adressais à Dieu, il comprend le cœur d'une mère. Un jour, l'affaissement se fit si fortement sentir que je me renversai dans le fauteuil et perdis la conscience de l'existence de mon corps. Toute ma vie rayonnait du cœur au cerveau. Alors, mes yeux qui restaient ouverts, qui distinguaient nettement les objets, virent une forme blanche, transparente, sortir du portrait de mon enfant. Les traits se prononcèrent et je reconnus ma fille, telle que je l'avais vue le jour où elle expira entre mes bras

Elle s'approcha de moi, posa sa bouche sur ma bouche, et sans que ses lèvres remuassent, sans qu'aucun son se fît entendre, elle me dit :

— « Ma mère, je suis près de toi, je vois tes larmes; Dieu a permis que je vienne te consoler. Chaque jour je reviendrai, garde le silence. » L'ombre s'évapora, l'engourdissement de mes membres cessa, je me trouvai plus calme, mais inquiète au sujet de cette apparition.

Plusieurs jours s'écoulèrent sans que je revisse ma fille, et, quoique je trouvasse d'ineffables consolations à prier dans mon oratoire, je commençais à penser que j'avais été la dupe d'une illusion. Enfin, un dimanche où la pluie nous avait retenus à la maison, je me trouvais dans mon oratoire. Un livre de prières était ouvert devant moi et je récitais les offices du dimanche; dès que j'étais à la fin de la page, une main invisible tournait le feuillet. J'attribuai cet accident au mouvement de l'air ou de ma respiration, et je continuai ma lecture dans une étrange agitation; le même phénomène se reproduisit jusqu'à cinq fois. Ne pouvant plus douter de la présence d'un être invisible, je me jetai à genoux devant l'image du Christ, et je m'écriai : Mon Dieu! protége ma raison, car je crois qu'elle m'abandonne. Alors un soupir, faible, doux, sortit, ou du moins je crus qu'il sortit du portrait de mon enfant.

Je sentis comme une enveloppe tiède s'étendre sur mon corps; je perdis la conscience de mon existence, et, comme la première fois, mes yeux restèrent ouverts et mes idées nettes; l'image de mon enfant m'apparut. Elle se pencha sur moi, et j'entendis encore, sans qu'aucun bruit me les transmît, ces paroles :

— « Mère, je suis heureuse, je suis près de toi, au milieu de ceux qui m'ont aimée. »

Je ne vis plus rien; revenue à mon état naturel, et livrée aux réflexions que suscitait cette étrange apparition, je crus que je devais en faire part à mon mari et à mon fils, afin qu'ils pussent, comme moi, en être heureux. Je ne sais ce qui me retint, ce qui me ferma la bouche; tout ce que je puis vous dire, c'est que je fus persuadée que si je vous communiquais ce que j'avais vu, je serais privée du bonheur de revoir mon enfant.

Mon existence devint alors concentrée presque entière sur un seul point. Eugène seul pouvait m'en détacher.

Nous écoutions toujours, dans le plus profond silence; mon regard rencontra celui de mon père, je crus y lire la douleur et la compassion : les rides de son front avaient reparu.

Ma mère continua avec calme :

— Dans mes confessions, je fis connaître à monsieur le curé les phénomènes qui se passaient dans mon oratoire. Il me mit en garde contre les illusions qui avaient leur source dans une douleur trop légitime, et me donna les plus sages conseils. Je fis, avec un grand serrement de cœur, disparaître le portrait de mon enfant de l'oratoire, et priai ardemment le ciel d'écarter les illusions de mon esprit.

Un temps assez considérable s'écoula sans qu'elles reparussent; enfin, depuis quelques jours, je les revois; je ne vous raconterai que l'apparition que j'ai eue ce matin, et qui m'a laissé une joie douce, un calme que je ne connaissais plus. Je venais de finir ma prière orale, que je termine toujours en priant le ciel de veiller sur mon mari et sur mon cher Eugène, lorsqu'en me relevant j'ai ressenti le même envahissement qu'autrefois. Je me suis laissé tomber sur le fauteuil, et aussitôt j'ai revu l'image de mon enfant : jamais figure plus angélique n'avait ébloui mes yeux. Elle s'est assise sur mes genoux, ses bras ont entouré mon cou, et j'ai senti ces paroles :

« Pauvre mère, le temps des épreuves est fini, nous allons nous réunir en Dieu. »

— Elle a vu ma pensée : elle était pour vous, mon ami, dit-elle à mon père, et pour toi, mon enfant chéri, ajouta-t-elle avec un regard plein d'amour maternel.

« Tout ce que j'ai aimé sur la terre, m'a dit ma .ille, je l'aimerai en Dieu et dans une existence qui ne compte ni les années ni les siècles. A bientôt, ma .ère. »

Sa bouche s'est posée sur mon front avant de .'évanouir.

J'entendis la profonde aspiration de mon père ; il me saisit vivement le bras et m'entraîna dans le jardin.

— Eugène, me dit-il, le malheur va encore frapper notre famille ; une douleur trop concentrée a troublé la raison de ta mère. Les hallucinations sont les pro- drômes de l'aliénation mentale.

Ces paroles me firent frissonner : ma mère, ma seule véritable compagne, près de laquelle la virginité de mon âme avait été conservée, ma mère devenir folle ! Cette idée m'épouvantait.

Mon père me serra convulsivement le bras, et répéta d'une voix sourde : _

— Oui, Eugène, tout ce que ta mère nous a raconte annonce une aliénation mentale qui fermente depuis longtemps. Et dire que nous ne soupçonnions rien ! J'en mourrai, mon enfant, si ce malheur arrive, et il arrivera, ajouta-t-il d'un ton si douloureux qu'il alla jusqu'à mon cœur.

— Mais, mon père, les idées de ma mère sont tou- jours saines : vous le savez, plus de la moitié de ma vie se passe auprès d'elle, il est impossible d'entendre des discours plus suivis, des conseils plus sensés. Il

est impossible que la folie ait toujours le langage de la
raison.

— Mais, malheureux enfant, dit mon père avec
beaucoup de vivacité, tu n'as donc pas réfléchi à son
récit : c'est une suite d'hallucinations, dont la persis-
tance prouve une lésion du cerveau qui causera la perte
entière de la raison. Oui, mon ami, toutes les passions
qui se concentrent sur un seul point, sont des genres
de folies. L'avarice est une folie ; l'ambition une folie;
toute passion qui envahit les autres facultés de l'âme
et détruit l'équilibre dans les fonctions du cerveau, est
une espèce, une variété de la folie.

Il parla d'un ton si convaincu qu'il finit par me passer sa conviction : je le quittai pour retourner auprès
de ma mère : elle s'entretenait paisiblement avec le
curé. Son visage dissipa les impressions douloureuses
que j'avais reçues de mon père, et je pris part à la
conversation. Je me retirai pleinement convaincu que
ma mère jouissait de toute sa raison ; mais je ne pouvais m'expliquer ses étranges visions qu'en me
disant : Pourquoi les images que nous voyons en rêve
ne se présenteraient-elles pas quand nous sommes
éveillés? La même puissance qui les produit dans le
sommeil ne peut-elle pas tout aussi bien les produire
durant la veille? Je m'arrêtai là ; mon esprit ne s'était
jamais appliqué aux études spirituelles. J'étais heureux de me donner ces solutions, quoique peu con-
cluantes.

Le lendemain, mon père s'absenta, et ne revint que
le soir. Un homme d'un aspect respectable, l'air un
peu guindé, l'accompagnait. Il le présenta à ma mère
comme une de ses plus vieilles connaissances, un ami
d'enfance.

La vie de famille ne me m'avait point appris à
observer les hommes ; jusqu'alors, autour de moi tout
avait été affection ; je n'avais aucun intérêt à observer,

content que j'étais des soins et des prévenances que l'on avait pour moi ; cependant je ne sais quoi me fit remarquer les regards de l'ami de mon père, dont il ne nous avait jamais parlé.

Son œil, investigateur et profond, se portait à cha- que instant sur ma mère ; il lui adressait fréquemmen la parole et mettait sur le tapis des sujets qu exigeaient des réponses suivies, logiques. Celles qu lui faisait ma mère le satisfirent, car les regards qu'i lançait à mon père me semblaient lui dire que madame d'Aurigny, non-seulement jouissait de toute sa raison, mais encore avait un jugement sain et excessivement délicat. J'entrevis la vérité, il échappa à mon père de dire, en s'adressant à notre hôte : « Mon cher docteur ; » je fus satisfait qu'il eût eu recours à cette épreuve. Elle devait dissiper ses craintes et lui rendre la tranquillité d'esprit.

La journée se passa d'une manière fort agréable : le docteur, qui montrait une politesse et un savoir- vivre auxquels nos voisins ne nous avaient pas accoutumés, offrit son bras à ma mère pour faire un tour de jardin ; mon père prétexta une affaire pour s'excuser de les accompagner et m'emmena dans l'avenue de la maison. Il me parut moins inquiet, cependant son esprit était loin d'être rassuré.

— Eugène, me dit-il, ce docteur s'occupe particu- lièrement des maladies mentales ; je lui ai tout raconté, j'espère qu'il inspirera assez de confiance à ta mère, pour qu'elle lui répète ce qu'elle nous a dit, et j'attends son opinion presque avec anxiété.

— Rassurons-nous, mon père, vous avez entendu les réponses de ma mère, d'abord aux fines plaisan- teries du docteur, puis aux questions sérieuses qu'il lui a soumises. Je ne soupçonnais pas ma mère d'avoir l'esprit si étendu, en même temps que si fin et si délicat. Le docteur a trouvé assez forte partie, je le pense.

— Cela m'a aussi étonné, me répondit mon père, j'attends le retour du docteur avec impatience. Si tu allais les rejoindre, Eugène ?

J'allais lui obéir, lorsqu'il me retint et me dit :

— Si tu trouvais la conversation animée, cherche un moyen de t'éloigner.

Les deux promeneurs me parurent fort calmes, surtout ma mère ; elle sourit à mon approche, et me tendant la main, elle me dit :

— C'est bien aimable à toi, mon Eugène, monsieur le docteur commençait à s'ennuyer du caquetage d'une pauvre campagnarde, ton père l'attend. Vous êtes libre, monsieur le docteur.

Elle prononça ces mots avec tant de grâce et d'une voix si douce que j'en fus ému. Le docteur ne put que s'incliner avec respect, et alla rejoindre mon père.

— Sais-tu, mon Eugène, me dit ma mère d'un ton tout différent, que je soupçonne ton père de m'avoir amené le docteur pour... elle hésita... pour connaître la situation de mon esprit, ajouta-t-elle.

Jamais ma bouche n'avait déguisé la vérité à ma mère, je convins de l'intention.

Elle reprit avec encore plus de sérieux :

— Ton père m'aime : il craint pour ma raison, elle est saine ; puis, brusquement : Crois-tu, mon enfant, que l'esprit ne peut pas se pencher sur l'abîme de l'éternité ? Nos livres sacrés nous en citent de nombreux exemples. Nous sommes emprisonnés dans la matière ; nous ne recevons de perceptions qu'à l'aide d'organes matériels ; les âmes retournées à Dieu ne peuvent-elles pas, elles qui sont débarrassées des entraves du corps, se communiquer à ceux qu'elles ont aimés sur la terre ?

— Je ne sais que vous répondre, ma bonne mère,

vous m'avez toujours recommandé de me tenir en garde contre les illusions des sens. Je ne sais en vérité que vous répondre.

Elle garda quelque temps le silence, puis serrant fortement mon bras, elle me dit :

— Cela vaut peut-être mieux, puisque c'est la volonté de Dieu.

Elle changea la conversation, et pour mieux distraire ma pensée elle me parla de chasse aux lions, aux éléphants, sujet qu'elle savait me passionner : elle y mit tant de tact, que lorsque nous rejoignîmes mon père et le docteur, je lui faisais la description d'une chasse dans l'intérieur de l'Afrique.

Je trouvai mon père parfaitement rassuré.

— Ces hallucinations, me dit-il, n'entraînent aucune conséquence fâcheuse, il faut que nous en écartions les occasions.

Environ deux mois après, ma mère se sentit décliner; nous le remarquâmes, mon père et moi. Je n'ai pas le courage de continuer. Je perdis ma mère, ma bonne, ma sainte mère. Elle mourut sans douleurs, sans secousses, les yeux fixés vers le ciel, comme si elle s'entretenait avec un ange.

Mon père, beaucoup plus âgé qu'elle, ne fit plus que languir; six mois après il expira, et chose étrange et qui prouve combien son esprit avait été frappé des hallucinations de ma mère, peu de jours avant sa mort il m'affirma l'avoir vue au chevet de son lit.

Quand ces deux malheurs me frappèrent presque coup sur coup, j'entrais dans ma vingt-sixième année : je pouvais me considérer comme seul au monde; mes camarades de chasse m'avaient oublié, comme je les avais oubliés dans la douce existence de famille; j'avais fort peu vécu dans le monde, et je n'avais que des parents éloignés, presque inconnus. J'ai dit que mon père avait émigré; un de ses serviteurs l'avait

suivi et était rentré en France avec lui; sa fidélité et sa
probité étaient bien connues de mon père; en plusieurs
circonstances il lui avait reconnu une étonnante
aptitude aux affaires; il lui confia la direction de ses
biens et de sa fortune. Joseph Naudet remplit ses
nouvelles fonctions avec tant de connaissance et de
tact, que la fortune de mon père se trouva en quelques
années dans une situation florissante; une somme
considérable était placée sur l'Etat : je me trouvais
donc héritier d'une belle fortune, et possesseur en
outre de plus de cent mille francs. Cela me toucha
peu : ma douleur était si profonde que le bon père
Naudet crut que je mourrais d'une mort semblable à
celle de mon père : la jeunesse l'emporta, les distractions forcées occasionnées par mes affaires me rendi-
rent enfin à une vie active; j'en profitai pour reprendre mes anciens projets de voyages.

CHAPITRE II.

Arrivée à Alexandrie. — Quelques détails antérieurs —
Rencontre d'Othon Ramberg. — Quelqes mots sur la
Grèce. — Ce qu'était Othon Ramberg. — Sir Arthur
Caverly. — Comment il devint l'associé des deux amis.
— Ses excentricités. — Un chef nommé pour un coup de
carabine. — Bizarre idée de sir Arthur. — Il explique à
sa manière la perte de la flotte française à Aboukir. —
Retard. — Coup d'œil sur l'ensemble d'Alexandrie. —
Arrivée au Caire. — Le consul anglais. — Mon plan de
chasse est adopté.

Depuis plusieurs jours je suis à Alexandrie : durant
les jours où j'avais étudié, avec l'intention de voyager
en Afrique, je m'étais surtout attaché aux descriptions
des voyageurs qui avaient pénétré dans ce continent
mystérieux, où se cachent les sources du Nil, en pre-
nant pour point de départ l'embouchure de ce fleuve,
c'est-à-dire la Basse-Egypte. Mon intention n'était
pas de m'arrêter longtemps dans la ville bâtie par le
conquérant de l'antique Asie, mais le voyageur est
plus qu'aucun mortel l'esclave des circonstances. Il
faut encore que je donne des explications plus que
nécessaires.

Le navire sur lequel je m'étais embarqué avait
Alexandrie pour destination, mais il devait séjourner,
pour relâche et affaires politiques, je crois, au port
d'Athènes. Cela me convenait d'autant mieux que

j'étais désireux de voir cette fameuse Grèce, dont on nous parlait plus, dans nos classes, que de notre France.

Il est étonnant comme les récits qui nous arrivent, à travers les âges, sont de nature à nous illusionner, et combien la perte des illusions nous rend injustes.

En entrant dans le fameux port du Pirée, presque désert, je le trouvai mesquin et tellement au-dessous de l'idée que je m'en étais formée, que j'en conçus une opinion peu favorable aux Grecs. La ville entourée de ruines, une population remuante, les habitudes, inciviles pour moi, tout me donna du dégoût. Je trouvai, à l'ambassade de France, un bon accueil et des gens qui cherchèrent à rectifier mes premières impressions; un étranger fit mieux qu'eux : il changea la Grèce à mes yeux, et faillit me faire partager sa passion pour la patrie de Démosthènes et de Périclès. Cet étranger était Allemand, un peu plus âgé que moi, et passionné pour la liberté de la Grèce.

La franchise de son caractère, son extérieur doux et calme, la bonté qui brillait dans ses grands yeux bleus, m'inspirèrent une véritable affection pour lui; il parut éprouver pour moi la même sympathie; dès les premiers jours, notre union fut intime. Il se nommait Othon Ramberg. Son histoire était celle de toute la jeunesse allemande de cette génération. Lorsque l'homme qui avait effrayé l'Europe de son ambition, qui l'avait écrasée sous ses succès inouïs, après s'être heurté contre les frimas et les glaces de la Russie, succomba à son tour sous la plus effrayante catastrophe qui ait jamais frappé un conquérant, les rois du nord, naguère encore ses courtisans, formèrent cette ligue décorée du nom de Sainte-Alliance, et résolurent d'abattre le colosse vaincu. Mais les peuples, épuisés par de longues guerres, se trouvaient peu disposés à s'épuiser encore pour les rois; on leur promit de

larges libertés, après la fin de la guerre, et la jeunesse
des universités allemandes courut aux armes. Une inondation de soldats couvrit la France qui était vaincue dans
son chef. Après la cessation des hostilités, les étudiants
allemands réclamèrent les premiers les exécutions des
promesses des rois : elles étaient oubliées ; les vain-
queurs n'avaient plus besoin de landwers ni de
landstourms ; mais comme ils voulaient régner sans
trouble, ils se débarrassèrent des réclamations impor-
tunes, en disséminant les réclamants dans les prisons,
dans les forteresses, ne mettant pas trop d'obstacle à
la fuite des autres en pays étrangers.

Othon Ramberg, qui me raconta ces choses, avait
préféré le dernier parti au séjour des forteresses et
aux tracasseries des polices. Il était riche, de bonne
famille, instruit comme le sont les Allemands bien nés,
et parlait presque toutes les langues de l'Europe.

J'avoue que je me trouvai bien ignorant auprès de
lui : mais il était si modeste, que je me consolai
bientôt en songeant qu'un pareil compagnon me serait
profitable ; j'ai dit compagnon, parce que nous avions
déjà associé nos destinées, par la similitude des goûts
et l'unité de but ; il se proposait de remonter le Nil,
d'aller à la recherche de ses véritables sources ; en
outre, Othon était un chasseur intrépide. La fortune
servait donc mes projets à leur début.

Je ne m'arrêterai point à parler de la Grèce, je laisse
ce soin aux savants ; c'est ma vie de chasseur que je
raconte. Avec un compagnon comme Othon, nous ne
pouvions pas quitter Alexandrie sans avoir visité ses
antiquités ; j'avais un excellent cicerone dans mon
ami, aussi visitâmes-nous son ancien emplacement,
le monolithe dit l'Aiguille de Cléopâtre, et les Catacombes, peu distantes de la ville. Les réflexions d'Othon
me devenaient très instructives.

— Comprenez, me disait-il, la différence des génies.

Alexandre choisit le point de la terre alors connue le plus favorable à la fondation d'une ville qu'il voulait à sa taille, je veux dire à la profondeur de ses vues. Le port est immense, il est double. Il le fallait ainsi au conquérant de l'Asie, qui voyait les marchandises y arriver de tous les pays commerçants de cette époque : la Méditerranée mettait Alexandrie en rapport avec son littoral d'Europe et d'Afrique. Suez la reliait au commerce des Indes-Orientales, et les caravanes avec toute l'Asie : Alexandrie devait être l'entrepôt du commerce du monde, devenir la capitale de l'empire rêvé par son fondateur, qui voyait aussi les richesses du centre de l'Afrique orientale descendre le long du Nil, dont une des bouches s'ouvrait à Alexandrie. Il y avait plus de génie, plus de grandeur de vues dans la fondation d'Alexandrie, que dans l'entreprise de la conquête d'une partie de l'Asie. Les vues d'un homme de génie peuvent être contrariées par les événements humains; car, quelles que soient sa puissance, la hauteur de son intelligence, il se trouve toujours en face de l'humanité, c'est-à-dire un contre des millions, mus par des passions toujours égoïstes, et ajoutez, comme homme, exposé aux chances de la vie de l'homme, d'ailleurs trop courte pour qu'il puisse entreprendre trop largement, dans l'incertitude que ceux qui viendront après lui ne seront pas tous de sa taille, n'auront pas tous l'étendue de génie, la vigueur d'esprit suffisante pour continuer son œuvre. Une mort indigne d'un pareil homme livra ses conquêtes, ses projets, à des hommes remarquables, mais qui n'étaient pas des Alexandre. Son empire, encore mal affermi, fut mis en lambeaux; Alexandrie seule devint un centre de lumières et de gloire. Les Ptolémées y appelèrent les savants du monde oriental.

Un autre maître des peuples, dont les possessions égalaient presque celles d'Alexandre, trouva Alexandrie bâtie, centre des sciences et des lumières : il ne comprit pas qu'il pouvait continuer l'œuvre du fils de Philippe, et alla fonder Constantinople sur l'emplacement de Byzance, séduit par son admirable position. La fondation d'Alexandrie fut l'œuvre d'un homme de génie, dont la vue plongeait dans l'avenir ; celle de Constantin fut celle d'un homme qui se crée des jouissances.

— Croyez-vous, me dit-il, qu'un homme, dans les dernières années du siècle dernier, a peut-être eu les idées d'Alexandre ; mais de l'Afrique il avait un œil ouvert sur la France ; il alla dompter en Egypte la liberté qui l'avait porté en ses flancs. La bataille navale d'Aboukir fut plus favorable au fanatisme turc et à la barbarie qu'à la patrie de Nelson. Les Français établis en Egypte changeaient la face de l'Orient. Le peuple anglais n'a jamais eu de vues dans l'intérêt de l'humanité ; c'est l'égoïsme mercantile à sa plus haute puissance.

Tout-à-coup il se fit un grand remuement dans notre hôtel, nous mîmes la tête à la fenêtre et reconnûmes qu'il était occasionné par l'arrivée d'un étranger que nous jugeâmes Anglais, à son air gourmé et à la tournure de sa suite. C'était bien un Anglais, et, qui plus est, un lord.

— Il se croit encore en son île, me dit Othon, c'est probablement sa première sortie. Il ne fuit pas le spleen ; il a l'air plein de santé.

— Il me paraît jeune, lui dis-je ; je pense, moi, que nos trois âges réunis ne compléteraient pas le siècle.

Nous causions encore quand le noir qui servait dans l'hôtel vint nous demander, ce que nous ne comprîmes point. Il ne parlait intelligiblement aucune langue de l'Europe, et faisait des emprunts de mots à toutes.

— Ce ne peut être une politesse de l'Anglais, me

dit Othon : un lord ne débute que par l'ostentation.
Qu'est-ce donc?

Ce n'était rien moins qu'une invitation à céder
notre appartement à l'habitant des Iles Britanni-
ques.

Ce fut un des deux serviteurs que j'avais amenés de
France, qui nous expliqua le désir de mylord Caverly.
Je lui demandai, en souriant, ce qu'il pensait de cette
politesse anglaise.

— Monsieur, me dit-il, si vous me chargez de la
réponse, je vous promets qu'il s'en contentera.

Pierre Beunin, tel était son nom, avait servi l'ex-
empereur, dans le corps des vélites; il était bon pour
le reste de la terre, sauf pour les Anglais.

— Quelle réponse lui feriez-vous, mon ami? lui
demandai-je.

— Eh bien ! je lui demanderai pourquoi il n'a pas
amené avec lui son hôtel ; que cela l'eût dispensé de
faire une demande peu convenable à deux braves
gentilshommes comme vous.

— Et s'il faisait l'insolent avec vous, Pierre, qu'ar-
riverait-il?

— Il arriverait, Monsieur, ce qui serait arrivé à son
héros à Waterloo, s'il n'avait pas été remis sur
pied par le prussien Blücher; il lui arriverait d'être
brossé.

Cette réponse fit rire Othon aux éclats ; pour moi,
qui savais que Pierre ferait comme il le disait, je
voulus éviter une chicane malencontreuse.

— Allez lui dire, Pierre, que nous n'entendons pas
l'anglais.

— Mais, Monsieur, me dit Pierre, c'est en français
qu'il m'a parlé, il m'a dit :

— Moa, veux avoir cette chambre qui donne sur le
port.

— Eh bien ! Pierre, allez lui dire de notre part que

nous aimons tant la vue du port que nous gardons notre chambre.

— Ajoutez, dit Othon, qu'il vienne la prendre.

Pierre sortit et rentra presque aussitôt, précédant l'Anglais. C'était un beau jeune homme, blond, l'air gourmé, un Anglais l'est toujours envers les étrangers, surtout les lords, mais au demeurant ayant tout-à-fait la tournure d'un bon garçon. Il se montra poli, s'excusa de sa demande, en alléguant qu'il avait cru que nous étions des artistes de passage à Alexandrie ; mais qu'il se félicitait d'une méprise qui le mettait en rapport avec deux gentlemen de son âge, et peut-être voyageant pour leur plaisir.

Ces paroles, prononcées en bon français, assaisonné de l'accent anglais et d'un ton de loyale franchise, déridèrent nos fronts : Othon était aussi peu rancuneux que moi, le brave Allemand. La conversation s'engagea ; nous apprîmes qu'Arthur Caverly s'était rendu en Egypte dans le but de prendre part à une expédition entreprise par deux de ses amis, officiers de marine, qui avait pour but de remonter le Nil pour en rechercher les sources ; mais qu'une forte avarie, éprouvée par le navire qui l'y transportait, avait nécessité une relâche à l'île de Malte d'une durée de quinze jours ; en arrivant, il avait été prévenu, par une lettre laissée par ses amis, de leur départ nécessité par la saison, et par une invitation d'aller les rejoindre dès son arrivée en Egypte.

Comme on le voit, le hasard nous offrait un compagnon dont le concours ne pouvait que nous être aussi agréable que profitable.

— Mylord, lui dis-je, nous sommes engagés sur la même voie ; mon ami se propose aussi de remonter le Nil, de tenter la même découverte que vous ; quant à moi, qui n'éprouve pas la même ardeur pour l'exten-

sion de la science géographique, je me propose parti-
culièrement de chasser aux éléphants.

— De mieux en mieux, s'écria gaiement l'Anglais ;
la chasse est aussi ma passion, mais je suis ennuyé
d'enfumer des renards ; j'aspire à me mesurer avec de
plus nobles animaux. Je ne pense pas, ajouta-t-il er
souriant, que vous dédaigneriez le tigre ou le lion,
parce qu'ils n'ont pas l'ampleur de messieurs les
éléphants?

— Ils ont tout ce que je cherche, lui répondis-je ; il
me faut des émotions, et le danger seul en suscite de
capables de tenter un homme.

— Hourrah ! hourrah ! s'écria de nouveau le joyeux
Anglais, nous ferons des chasses orientales, et on par-
lera de nous dans les journaux de la vieille Angleterre.
Quant à vous, monsieur le savant, vous serez notre
historiographe ?

— Et votre compagnon, répondit Othon, qui obser-
vait l'Anglais avec le flegme allemand. J'aime aussi
les émotions dont mon ami vient de vous parler.

L'Anglais parut enchanté ; une fois la glace rompue
et la relation établie, l'Anglais devient et se montre un
bon et joyeux compagnon. On trouvera peut-être que
je devrais dire ami.

A partir de cette visite, nous prîmes nos repas en
commun, et nous pûmes nous apprécier davantage ;
nous devînmes amis, comme si nous appartenions à la
même nation. Notre départ pour le Caire fut fixé au
surlendemain ; il fallait nous approvisionner de ce que
nous trouverions à notre convenance, et que nous ne
rencontrerions peut-être pas au Caire. Pendant une
de nos excursions aux environs d'Alexandrie, je parlai
du plan de voyage que j'avais dressé en France, et je
le leur communiquai. Lord Caverly, dont le caractère
était gai, me dit en me serrant la main :

— My dear, vous avez la sagesse d'un Caton et la

prévoyance d'un Annibal. Mais rien ne vous a échappé. Voici d'abord l'énumération des objets nécessaires à un chasseur qui s'aventure dans cette noire et mystérieuse Afrique. *Magna parens leonum.*

Othon sourit à cette citation tronquée. Tous les détails relatifs à la chasse des bêtes féroces sont minutieusement notés; mais l'article éléphants est du dernier soigné; je vois que vous les affectionnez d'une manière toute spéciale. Je vois que nous ne pouvons remonter en bateau que jusqu'à la première cataracte, que vous nommez chute, d'un mètre à un mètre et demi de saut. Je croyais la chute plus élevée. Mais comme on peut se procurer d'autres bateaux au-dessus de cette première chute, il est plus commode de s'en servir.

— Dam! dam! vous nous donnez une kyrielle de chutes (quand j'écrirai à mes amis d'Angleterre je parlerai de cataractes, c'est plus retentissant), et il faudra changer de bateau à chaque obstacle. Avec des canots d'écorces de bouleau, les portages seraient praticables, comme en Amérique. Pour obvier à ces inconvénients, vous proposez de conduire l'expédition sur terre et par eau; les bateaux serviraient de retraite, une citadelle flottante et commode. Le bagage, réduit à sa plus simple expression, restera toujours lourd. Il est vrai qu'on mange en Afrique comme ailleurs. Dieu nous rappelle ainsi notre origine matérielle, quant au corps : on doit même y manger mieux, c'est-à-dire de meilleur appétit, et ne pas connaître les langueurs de la satiété. Le voyage doit être long; il faut donc des provisions pour une longue durée.

La chasse, la pêche, apporteront bien leurs suppléments; mais, comme ils seront très précaires et que les besoins de l'estomac sont réguliers et impérieux, vous conseillez avec raison de bien prendre ses précautions relativement aux aliments.

Sir Arthur faisait ces réflexions en parcourant l'exposé de mon plan, qui les suggérait. Il continua :

Les provisions doivent être mises à l'abri des insectes, des miasmes corrupteurs et de leur décomposition naturelle. C'est très prudent, très prévoyant.

— Ah! mon cher ami, me dit-il, voici une idée que je vous ai volée, ou que vous m'avez escroquée pardessus le canal de la Manche. Vous vous proposez de les renfermer dans des caisses en fer blanc ayant des compartiments, et soigneusement soudées : j'y avais aussi pensé. Mais ce qui prouve que l'un de nous a volé l'idée de l'autre, c'est la nature des provisions. Du riz, du cacao en coques, du café et du sucre. Seulement je faisais entrer en ligne de compte de bon bœuf salé, des jambons fumés et quelques autres provisions animalisées. Mais vous comptez sur le produit de la chasse. Si le crocodile était mangeable, la chair ne nous manquerait pas. Je continue :

— Il serait bon de se procurer d'abord deux chameaux pour porter le bagage et les tentes, et un certain nombre d'ânes, très vigoureux en ces contrées, pour servir au besoin de monture. Ah! pour sûr, j'égaierai joliment mes amis de Londres, quand je leur écrirai que j'ai chevauché sur le dos d'un âne. Ils seront de force à me traiter d'imposteur. Il continua :

— Le chameau et l'âne sont très sobres ; les chevaux seraient bientôt épuisés. Je ferai cette sage observation à mes amis de Londres. S'il était possible de se procurer des chèvres, leur lait serait d'une grande ressource sous un ciel brûlant, et la chèvre trouve à brouter là où les autres animaux meurent de faim; mais tout cela est juste, nous achèterons un troupeau de chèvres, mon groom en sera le berger, il est alerte comme un levrier.

Sir Arthur faisait ces plaisantes réflexions d'un ton

si comique, que le grave Othon ne pouvait retenir ses
sourires. Je n'y voyais rien de mortifiant pour moi. La
pensée de notre nouvel ami ne pouvait avoir ce
caractère.

C'est à quelque distance d'Alexandrie que se passait
ce que je viens de raconter ; la mer se trouvait en vue,
autour de nous des débris. Othon cherchait des
inscriptions, examinait les débris et prenait des notes.
Deux serviteurs de sir Arthur se tenaient à distance
respectueuse ; un d'eux bâillait et l'autre roulait des
cailloux avec le bout de sa botte ; je m'étais assis sur
quelque chose comme un débris de colonne, et regardais tantôt mon ami l'Allemand, qui procédait à ses
recherches avec la gravité d'un savant de la savante
Germanie, et tantôt le pétulant sir Arthur, qui continuait la lecture de mon manuscrit ; lecture accompa-
gnée de gestes, à défaut de réflexions parlées. Tout-à-
coup je le vis venir à moi, il me dit :

— J'ai une idée ; c'est à vous que je la dois. Vous
dites que l'expédition doit être dirigée par une seule
volonté. Voici mon idée ; nous autres Anglais les
mettons toujours à exécution et ne reculons pas même
devant l'impossible. Nous allons devenir de véritables
chasseurs : il ne s'agira plus de lièvres ni de renards.
Il faut que tout se fasse par une seule volonté ; il faut
un général, ce sont de vrais combats que nous allons
laisser. A qui donnerons-nous ce titre ? Au plus expé-
rimenté ? nous débutons tous trois dans la même
carrière. Au plus âgé ? les peaux rouges de l'Amérique
et la plupart des sauvages gardent les plus âgés pour
les délibérations. Au plus brave ? qui prouvera que
vous l'êtes plus que moi, et moi plus que vous deux ?
Nous sommes chasseurs, c'est-à-dire que nous allons
le devenir, eh bien ! je propose de donner le titre de
chef au plus habile tireur ; et sans attendre ma réponse
il envoya chercher sa carabine. Othon rit de cette

proposition, et l'accepta; certes il n'ambitionnait pas
'e titre que sir Arthur paraissait désirer.

En général, l'aristocratie anglaise, qui s'occupe de
chasse, tire bien. Néanmoins, je me rappelai le passé,
et l'amour-propre, en s'éveillant, me souffla ces mots
à l'oreille :

— Tâche de prouver au lord anglais qu'un
gentilhomme français ne lui est point inférieur
au tir.

C'est en vérité une faculté singulière que l'amour-
propre; je n'avais aucunement l'ambition d'être chef
de l'expédition, eh bien! cette ambition me vint,
mais si vive, qu'elle eût fait tort à mon coup d'œil, si
je ne l'avais calmée.

— La carabine est apportée; prenons pour but ce
palmier, nous dit sir Arthur.

— Non pas, non pas, s'écria Othon, l'Egypte n'est
pas assez ombragée pour détruire un de ses arbres. Il
s'éloigna d'une cinquantaine de pas et mit un papier
au bout d'une baguette.

— Mais la balle ne percera pas le papier? dit l'Anglais.

— Non, aussi l'ai-je mis pour faire bien distinguer
la baguette. C'est elle qui sera notre point de mire.

— C'est un peu moins gros qu'un renard, dis-je
avec un peu de malice.

— C'est vrai, monsieur le Français; mais ça ne
court pas, me répondit-il. Voulez-vous commencer?

Je déclinai cet honneur, ainsi qu'Othon, et l'Anglais
se mit en posture. Il visa assez longtemps : le coup
partit; la balle passa assez près du papier pour le faire
osciller.

— A vous, mon ami d'Allemagne, dit sir Arthur
en présentant la carabine à Othon.

Celui-ci la prit, l'examina, fit mouvoir les ressorts.

— C'est une bonne arme, mylord, dit-il, elle vaut

ma carabine. Il la chargea avec soin, l'émulation s'était aussi éveillée chez lui.

Il visa avec plus de lenteur encore que l'Anglais; il coup partit. La moitié du papier fut enlevée.

— C'est superbe, s'écria l'Anglais; malheur aux éléphants!

Mon tour venu, j'examinai l'ouverture du canon, maniai aussi les ressorts, puis chargeai avec moins de poudre qu'en avaient mis Othon et l'Anglais.

Je ne vis que la baguette, au-dessous du lambeau de papier; le coup partit : papier et baguette furent emportés.

— Vous êtes notre maître, me dit sir Arthur en me serrant la main; nous vous acclamerons ce soir général, à la fin du dîner! Croirait-on que je me sentis tout fier de ce succès?

Quand un Anglais est lancé, il va aussi loin que les circonstances le permettent; non-seulement sir Arthur voulut mettre de la solennité à me décerner le titre de chef de l'expédition, il exagéra en plus cette reconnaissance. Il avait une suite de dix personnes, qu'il comptait bien emmener avec lui; il leur donna l'ordre de venir à l'issue du dîner me présenter leurs hommages et m'assurer de leur obéissance. Pour tout autre que pour un Anglais, c'eût été une farce plaisante; il n'en était point ainsi pour lui, ce qu'il faisait était sérieux. J'avais deux serviteurs, Othon deux aussi; la bonne chère les réunit aux serviteurs de sir Arthur, et ils vinrent, la tête un peu échauffée par les libations dues à la libéralité de sir Arthur, m'assurer leur obéissance, comme au chef reconnu de l'expédition.

Je n'étais point habitué à ces choses d'ostentation, et je me tirai, vaille que vaille, de celle-ci.

Durant le repas, le vin de Champagne avait fait sauter plus d'un bouchon; si l'Anglais buvait bien, il

avait trouvé, dans l'Allemand, un homme capable de
lui tenir tête. Quant à moi, le héros de l'ovation, je
me tins dans les strictes limites de la modération.
J'avais l'habitude de la sobriété; c'est à cette habitude que je dois une santé inaltérable et une vigueur
de corps peu commune.

Je regardais donc mes deux amis, qui avaient établi
une discussion *ab hoc* et *ab hac*. Ils s'exprimaient en
français, par considération pour moi, qui ne parlais
que la langue de ma patrie; vraiment, c'était chose
plaisante d'entendre les mots français prononcés par
eux. Tout le monde sait comment les Anglais pronon-
cent le français, mais tout le monde ne sait peut-être
pas que la prononciation des Allemands, qui changent
les *b* en *p*, et réciproquement, avec un accent tudesque
si drôle, qu'il est encore plus divertissant d'écouter un
Allemand parler français, que d'écouter la prononciation de l'Anglais; ils se lassèrent bientôt de se
servir d'une langue étrangère; Othon en revint au pur
allemand, et sir Arthur à l'anglais de Londres; ils ne
se comprenaient plus guère qu'au moyen des gestes,
c'est-à-dire qu'ils en vinrent à parler le langage
primitif.

La discussion ou la démonstration, car je ne sais
vraiment si c'était l'une ou l'autre, devint d'abord fort
vive, puis eut un temps d'arrêt; il restait sur une
table plusieurs bouteilles de champagne; sir Arthur
les plaça devant eux, en rangea trois d'un côté et fit
autour d'elles un demi-cercle avec les verres et les
plats. Les autres bouteilles furent rangées sur la table,
mais non enfermées dans un cercle. Ces préparatifs
terminés, les bouteilles furent des deux côtés couchées
sur la table, le goulot tourné les uns vis-à-vis les autres. Je supposai qu'il voulait figurer des batteries de
canon; et ma supposition se trouvait juste; avec une
grande prestesse, le groom de sir Arthur fit sauter les

bouchons des bouteilles non entourées du cercle de
plats et des verres; aussitôt du goulot de chacune
jaillit un jet de vin qui inonda les autres bouteilles,
et un peu le voisinage. Puis l'opérateur écarta ses
bouteilles canonnières, à l'instant où les autres lançaient aussi leurs jets gazeux et liquoreux. La moitié,
au moins, tomba dans les intervalles qui se trouvaient
entre les bouteilles ecartées sur l'étendue de la table,
une petite partie sur les bouteilles. Alors sir Arthur,
le visage et les habits couverts de rosée de champagne,
se tourna tout rayonnant vers Othon, et lui demanda,
cette fois en français :

— Eh bien! avez-vous compris?

L'Allemand, ébahi de cette démonstration, et affligé,
me dit-il le soir, de voir une si bonne liqueur
répandue ailleurs que dans son verre, l'Allemand lui
répondit, mais en anglais :

— Yes, yes, wery well (oui, oui, tout-à-fait bien.)

Alors je demandai l'explication de cette singulière
manœuvre. Sir Arthur me répondit ainsi :

— L'ami d'Allemagne ne paraissait pas comprendre
la défaite de la flotte française à Aboukir. Les bouteilles enfermées dans le demi-cercle ont figuré la
flotte embossée de Brueys, et les autres la flotte de
Nelson. Il a eu la preuve que tous les projectiles
anglais ont atteint les vaisseaux français, tandis que
les nôtres, qui n'étaie''' pas immobiles, ont laissé de
l'espace où les boulets français se sont perdus.

Je laisse aux gens du métier à juger la valeur de la
démonstration de lord Arthur Caverly.

Notre départ pour le Caire fut retardé de plusieurs
jours; le petit navire sur lequel nous devions prendre
passage ne se trouva pas prêt au jour indiqué. Ce
temps fut consacré à visiter, avec plus d'attention que
nous en avions mise, la ville d'Alexandre.

Notre ami Othon, qui nous servait de cicerone, nous

fit remarquer que la ville nouvelle n'occupe pas même l'emplacement de la véritable Alexandrie des Ptolémées. Celle-ci avait été bâtie sur l'isthme qui réunit l'île de Pharos au continent.

Pour embrasser d'un coup d'œil l'ensemble de la moderne Alexandrie, nous nous établîmes sur le point le plus élevé. Quelle vue, quel aspect présente cette ville! des pâtés de maisons grisâtres à toits plats, donneraient l'idée d'une ville en ruines ou récemment dévastée par la conquête; d'une ville abandonnée, si le murmure continuel qui s'élève de ses rues étroites n'avertissait qu'elle est peuplée, et que la population est aussi active que bruyante. A notre gauche, au-delà des dernières murailles, s'étend le désert qui la sépare de Rosette, un autre désert étale à droite ses sables et sa nudité; c'est le grand désert de Barca. Otez quelques palmiers, qui se dressent çà et là solitaires comme de grêles colonnes, et la côte sera entièrement dépourvue de végétation. Un espace d'une grande étendue, qu'entourent des murs de construction récente, ceints d'un large fossé, défendu par des forts élevés sans ordre, comme par caprice, sert de limites à la ville moderne, et marque l'espace occupé par la ville des Khalifes. Celle-ci fut élevée sur les ruines de la cité d'Alexandre, qui s'étendent encore beaucoup plus loin. A la place du célèbre phare, élevé par Sostrate, on voit les murailles et les tours d'un lourd château peu propre à défendre la ville; çà et là des minarets se montrent au milieu des toits plats Deux autres monuments, qui ont seuls résisté aux ravages du temps et des révolutions, lancent leurs pointes aiguës dans les airs; ce sont la colonne de Pompée et un autre que l'on nomme l'Aiguille de Cléopâtre. Une autre aiguille semblable est étendue aux pieds de la première; ce sont les seuls vestiges de la première Alexandrie; du milieu des ruines où ils s'élèvent

solitaires, ils semblent dire au voyageur : Voilà ce que
le temps et les hommes ont laissé de la cité d'Alexandre, voyez combien les splendeurs sont passagères et
ce qu'elles laissent après elles !

Je ne rapporte *ici* qu'un court résumé des explications que nous donnait notre savant Allemand.

Un peu au-delà des ruines de l'antique Alexandrie,
s'offre encore une ruine. Le lac Maréotis, aujourd'hui
Mariout, étale sa surface sans eau, car des marécages,
des flaques d'eau ne forment plus un lac. Une langue
de terre, fort étroite, qui sépare l'ancien lac de la mer,
a pour base des rochers creusés en cavernes; ce sont
les catacombes.

Si au dehors de la ville tout semble ruines, solitude,
le spectacle de l'intérieur offre un contraste frappant.
Dans ses rues étroites, tortueuses, rues de presque
toutes les villes de l'Orient, circule une foule offrant
presque tous les vêtements connus, tous les types
connus. Les conducteurs de chameaux, de mules,
d'ânes, assourdissent les oreilles de leurs cris. Ils sont
nécessaires ces cris, car ces animaux s'ouvrent un
passage à travers une foule compacte, aux pieds d'autant plus faciles à écraser qu'ils sont nus. Jetez au
milieu de tout ce tumulte des bandes de chiens errants
et affamés qui vous harcellent de toutes parts, des
jongleurs arrêtant le courant par leurs appels, leurs
cris, leurs contorsions, et vous n'aurez encore qu'une
faible idée du tumulte qui retentit dans les rues
d'Alexandrie, et qui les encombre depuis le lever du
soleil jusqu'à son coucher; mais ce spectacle a bien son
beau côté pour les yeux.

A côté du fonctionnaire turc au riche et brillant
costume, se montrent le Bédouin au costume si pittoresque et à la longue barbe; la figure mâle, correcte et
grave de l'Arabe aux vêtements antiques. Une foule
d'esclaves nègres presque nus, et des santons dépour-

vus des vêtements nécessaires, entourés d'une foule
d'admirateurs de leurs vertus, de la rigueur de leur
pénitence.

En passant devant une mosquée, nous entendîmes
la voix forte et harmonieuse du muezzin; il invitait
les fidèles croyants à la prière. Des cris aigus retentissaient dans une rue voisine, c'était un convoi
funèbre; ces cris, ces hurlements sortaient de la
poitrine de femmes qui s'arrachaient les cheveux;
de l'autre rue débouchait un cortége opposé; c'était
une noce. La vie des peuples est un contraste sans
trève; mais ce qui vint nous tirer de ces distractions,
fut le tableau le plus navrant de toutes les misères :
des hommes hâves, mourant de faim, pêle-mêle avec
ces bandes de chiens errants dont j'ai déjà parlé, se
tenaient accroupis sous des masures.

— Mylord, dit Othon avec tristesse, le prix du vin
qui a été perdu hier pour votre simulacre de canonnade
eût pu prolonger la vie de ces pauvres malheureux.
Ils ont des visages d'hommes : ils souffrent comme
vous !

CHAPITRE III.

Arrivée au Caire. — Préparatifs. — Singularités de sir
Arthur Caverly. — Barque moulin à vent. — Visite à
Linant-Bey. — Départ inattendu de sir Arthur. — Le
consul anglais et son explication. — Visite à la pyramide
de Chéops. — Déjeuner chez Linant-Bey. — Ses conseils.
— Il leur donne un autre interprète et un chasseur.

Nous partîmes deux jours après cette excursion, et
nous éloignâmes de la seule ville maritime et réellement commerçante de l'Egypte, pour nous rendre à la
ville du Caire, centre du gouvernement, quoique
Mohamed–Ali passe une partie de l'année à Alexandrie. Comme j'ai hâte d'arriver au but principal de
notre voyage, je ne parlerai point de notre courte
navigation, ni des bouches du Nil avec leurs boghaz,
encombrements de sables charriés par le Nil : tant de
relations parlent de l'Egypte, en font la description,
que je ne pourrais que les répéter. Ce que je viens de
dire d'Alexandrie convient au Caire, convient à toutes
les villes de l'Orient un peu florissantes. Nous allons
entrer dans un pays moins connu, moins soigneusement décrit, et entrer en relations avec des êtres qui
appartiennent aux grandes et puissantes races du
désert, et de cette Afrique si féconde en monstres.

A notre arrivée au Caire, sir Arthur alla rendre
visite au consul anglais et apprit que ses amis étaient

partis depuis vingt jours; il connut la route qu'ils avaient suivie par le retour de quelques interprètes qu'ils renvoyaient au Caire, ayant rencontré des marchands abyssins qu'ils avaient pu engager à leur service. Il nous dit que le consul lui avait conseillé d'attendre une saison plus favorable pour remonter le Nil en bateau jusqu'à Karthoum, où il trouverait probablement la première expédition; mais que, quand il lui avait fait connaître son principal but, la chasse aux éléphants, le consul avait modifié ses premiers conseils, et lui en avait donné qui se trouvaient presque de point en point conformes au plan de mon manuscrit. Ce fut donc à ce plan que nous nous arrêtâmes; le temps que nous emploierions à nos préparatifs nous laisserait utilement attendre la saison favorable à notre entreprise.

Nous nous trouvions au Caire le 4 juin; le consul anglais avait dit à lord Arthur que la saison la plus favorable pour notre expédition se trouvait à l'époque des premières crues du Nil; les terres sont alors desséchées, les lagunes n'exhalent point de miasmes, et les animaux que nous nous proposions de chasser ont alors abandonné les hautes terres intérieures pour descendre dans les vallées où ils trouvent des eaux, de la verdure, et les carnassiers leur proie. Nous avions donc près d'un mois pour terminer nos préparatifs; je vais en parler.

Il fallait des armes, des munitions, des tentes et surtout des provisions de bouche. Tous les hommes qui devaient nous accompagner, outre la carabine, dont la portée est longue et sûre, reçurent un fusil double, un long poignard et une petite hache, dont la tête servirait de marteau. Les tentes en poil de chameau me parurent trop pesantes, elles furent remplacées par de forts tissus en coutil et eurent une étendue suffisante pour abriter cinq personnes; la perche légère autour de laquelle le tissu s'étendait était armée d'un trident tranch ant des deux côtés de la dent, et pouvant se dévisser. Un homme pouvait porter cette tente en bandoulière, le campement pouvait être installé presque subitement. Le vêtement de ños chasseurs était calculé de manière à laisser toute liberté à leurs mouvements, et à les préserver des humidités de la nuit. La cartouchière formait un demi-cercle sur l'estomac, et s'attachait sur le côté avec des courroies. La coiffure, en cuir bouilli, chargeait peu la tête, donnait accès à l'air et pouvait, comme le casque, servir d'arme défensive. Les pieds et les jambes se trouvaient garantis par une longue chaussure de cuir très souple, attachée au-dessous du genou, en forme de guêtres; enfin un véritable sac en liége était attaché sur le dos comme le sac du fantassin, et contenait le linge nécessaire à des hommes en voyage, ainsi que différents objets dont la privation se fait sentir en campagne. Notre tente avait une forme particulière : elle était double, c'est-à-dire que le compartiment du centre nous servirait de chambre à coucher, et que la seconde toile, qui s'allongeait de plusieurs pieds au dehors, servirait de tente aux gens affectés à notre service personnel. Trois hamacs se trouvaient soutenus sur des tiges en fer; nous aurions ainsi une couche plus douce et plus saine que le sol; pliés, ils formaient un petit volume et avaient peu de poids.

Il nous fallait des bêtes de somme; le chameau est la voiture dans les sables et dans les plaines, mais il devient embarrassant dans les pays accidentés, à travers les rochers, les broussailles et les terrains marécageux. Nous y renonçâmes; mais sir Arthur ne pouvait surmonter sa répugnance pour les ânes, il trouvait le mulet têtu et peu docile : il voulait des chevaux, mais les chevaux nous obligeaient à empor-

ter de fortes charges de doura et d'orge; ce n'est pas
en Afrique que nous devions nous attendre à trouver
partout des pacages; il nous fit la concession des ânes
et des mulets, plus sobres et d'une santé plus robuste,
et se réserva un cheval.

Les caisses en fer blanc, à compartiments et soudées, furent confectionnées sous mes yeux, et nous
nous approvisionnâmes de riz, de café, de sucre et de
cacao en poudre; nous y joignîmes des caisses de biscuit
de marine, quelques bouteilles de vin et d'eau de-vie.
Othon se munit de tous les instruments de chirurgie,
de quinine et d'autres drogues jugées nécessaires. Les
ustensiles de cuisine furent réduits au plus strict nécessaire, afin de ne pas nous encombrer de bagage.

Chaque jour nous ajoutions à nos préparatifs quelque nouvelle acquisition : il en résulta un bagage fort
considérable, qui fut surtout augmenté par le nombre
des verroteries, tissus, quincaillerie dont nous nous
approvisionnâmes pour gagner les bonnes grâces des
naturels des contrées que nous aurions à traverser. Un
jour sir Arthur nous arriva suivi d'un nègre qui
pliait sous le fardeau; il avait acheté, d'un Américain,
quatre espingoles et deux longs fusils portant des balles
énormes.

— Voilà, me dit-il, pour les éléphants; ces armes
s'appuient sur une fourchette, l'éléphant est assez gros
pour qu'un chasseur de votre force ne le manque pas
à six cents pas, et lui loge dans le corps une balle de
quatre onces de poids.

Quant aux espingoles, je n'ai pas besoin de vous en
faire ressortir les avantages; il est quelquefois bon
d'avoir à éparpiller une dizaine de petites balles sur
l'ennemi, homme ou bête, qui vous barre le chemin.

J'eus soin de choisir la poudre, de faire fondre des
balles composées d'un mélange de plomb et d'étain.

Elles ne s'aplatissent guère, et souvent le chasseur a des peaux fort épaisses et fort résistantes à percer.

Othon voulut aussi faire une provision de grenades et de fusées qu'il rendit très meurtrières.

— Que contient cette caisse en tôle? lui demanda sir Arthur, dont l'esprit inventait tous les jours de nouvelles nécessités.

— Elle contient des bougies, des briquets et de la charpie toute prête. Nous ne pouvons emporter que peu de linge, et nous n'aurons pas à déchirer le nôtre pour en faire de la charpie, répondit-il.

Sir Arthur prit son calpin et écrivit : 18 juin, bonne note à mon ami Othon pour sa prévoyance.

Le prudent Allemand avait aussi une boussole et des instruments de physique.

Il s'agissait de composer le personnel de notre expédition. Grâce à un Français au service de Mohamed-Ali, qui avait parlé à ce prince de notre expédition, nous reçûmes des lettres pour les lieux occupés par les Egyptiens, et dix soldats déjà façonnés à la discipline européenne; il nous procura aussi un interprète nègre et me fit présent d'un joli cheval arabe. Le jour suivant, sir Arthur revint d'une de ses excursions dans la ville, avec un superbe cheval arabe. Ainsi Othon se trouva monté, car sir Arthur le pria d'accepter son autre cheval. Notre expédition se trouva composée de trente et une personnes par l'adjonction de deux cuisiniers nègres; de dix ânes, cinq mulets et de quatre chiens, dont deux m'appartenaient; je les avais achetés à Athènes : c'était, me dit-on, des chiens d'Epire, deux veritables molosses.

Il me tardait de commencer notre expédition, je craignais de voir mon ami l'Anglais tant et tant augmenter ce qu'il nommait nos nécessités, qu'il faudrait doubler le nombre de nos bêtes de somme. Le jour même, il nous conduisit sur la rive du Nil, pour nous faire apprécier une acquisition dont il espérait une immense utilité. Voilà ce qu'il avait imaginé et fait construire, sans nous en parler : c'était un long et large corps de chariot, ayant trois articulations et quatre roues : sur cette charpente se trouvait suspendue une barque de vingt pieds de longueur, sur huit de largeur et garnie d'une jolie cabine. La barque recevra nos bagages, nos bêtes de somme tireront le chariot, et nous pourrons voyager sur la terre et sur l'eau.

— Nous irons à la chasse comme les grands seigneurs de l'Orient, me dit à part Othon ; est-ce là le but que nous nous proposons, ami ?

— Pas absolument, lui répondis-je ; mais nous pourrons tirer parti de ce goût excentrique.

— Comment l'entendez-vous ? je ne vois pas en quoi cet immense chariot pourra nous servir, si l'idée que je me fais des lieux que nous aurons à parcourir est juste ; jamais cet attelage, je dis attelage, car il faudrait huit paires de bœufs ou dix de chevaux pour traîner cette barque chargée de nos bagages, nos bêtes de somme ne le pourraient jamais.

— Avant deux jours de marche, lui répondis-je, sir Arthur laissera le chariot, et la barque nous servira sur le fleuve : elle est petite, mais bien construite. Comprenez-vous, Othon, ce trou de deux pieds de largeur, et de trois de longueur qu'il a laissé presque au centre de gravité ? Je cherche à m'en expliquer le but, et ne puis me l'expliquer.

C'était sur le port de Boulacq que cela se passait ; le Nil coulait devant nous, couvert de barques aux voiles latines, nommées daabies, et d'une multitude de petits bateaux, se croisant en tous sens, et offrant le spectacle le plus animé. Sir Arthur revint du bord de l'eau, des mariniers étendirent des rouleaux, des crics enlevèrent la barque, elle roula doucement vers

le fleuve, où elle se lança comme un véritable cygne;
elle était toute en tôle.

Aussitôt les mariniers et les ouvriers du constructeur chargèrent l'avant et l'arrière de rouages et de
supports en fer. Nous montâmes dans la cabine, et les
mariniers nous poussèrent au large, mais cette ouverture du milieu nous intriguait Othon et moi. Sir
Arthur s'entretenait avec le constructeur, et les ouvriers
commençaient à monter une espèce de potence au-
dessus de l'ouverture.

— C'est un moulin à vent qu'il fait établir sur la
barque, me dit en riant Othon.

Je commençais à comprendre ; la vigueur des
rameurs, je ne crois pas qu'il y en ait au monde de
plus vigoureux que ceux d'Egypte, nous emporta loin
de la multitude d'embarcations, et nous nagions à
quelque distance de la rive gauche. Le travail avançait : une grande roue à palettes était placée dans
l'ouverture ; une autre d'engrenage avait son axe
établi sur les bordures de l'ouverture, et prenait sur
une troisième posée de côté, et qui avait, à douze
pieds au-dessus de la barque, un axe tournant, comme
dans les moulins à vent.

Tout avait été calculé avec tant de précision que
l'appareil se trouva monté en moins d'une heure.
Alors les ailes du moulin s'étendirent sur leurs bras,
le vent venait d'amont, il était assez vif : les ailes
tournèrent et notre barque se mit à filer contre le courant avec grâce et rapidité.

— Eh bien! nous cria l'Anglais en se frottant les
mains, et les yeux brillants de joie. Qu'en pensez-
vous? Je me sers du vent, qu'il vienne de tel point
qu'il voudra, et je lui ai dit : Tu nous porteras dans
la direction que je voudrai. Hein! hein! qu'en pensez-
vous?

Il fit un signe, et notre barque, obéissante comme

un soldat, tourna sa proue en travers du courant; il
était faible, le fleuve court là sur une faible pente,
notre barque s'y lança et nagea sans gêne. Elle fit par
l'ordre de sir Arthur bien des évolutions, au grand
ébahissement des embarcations qui passaient avec
leurs voiles triangulaires.

J'avoue que l'Anglais me parut alors un homme de
génie, et que ses excentricités ne furent plus pour moi
que les écarts d'une imagination à laquelle son
immense fortune lui avait toujours permis de donner
satisfaction.

Tandis qu'on démontait l'appareil pour retourner à
Boulacq, avec la rame, sir Arthur vint s'asseoir devant
nous, et nous dit :

— C'est bien simple : c'est pour cela qu'on ne l'a
pas encore inventé; mais cela ne peut servir à un
vaisseau de guerre, un boulet couperait l'appareil et
tout serait fini, ne pouvant plus manœuvrer; un vaisseau marchand pourrait en profiter, mais l'habitude
des voiles, la vapeur qui commence à s'employer,
laisseront longtemps dormir mon invention. Elle nous
servira pour nos approvisionnements; je suis Anglais,
je veux bien vivre. J'ai l'intention d'établir dans tous
les lieux occupés par les Egyptiens des magasins de
vivres : cette barque en fera les transports et nous
serons toujours sûrs de trouver une alimentation convenable à des hommes.

Alors il nous lut son projet, et nous comprîmes qu'il
était profitable et plein de prévoyance, mais qu'il en-
traînerait une dépense énorme.

Sir Arthur nous dit en riant :

— J'ai plus de guinées à dépenser que Londres ne
m'en offrait la possibilité : je les sème sur une route où
leur emploi peut devenir utile à la civilisation; et ce
qu'il y a de plus attrayant pour moi, c'est que je me
laisse aller à mes instincts et qu'on en p..r. ra dans le

grand monde de Londres. L'amour-propre est le mobile humain le plus entraînant.

Nous ne voulions pas nous éloigner du Caire sans avoir visité les Pyramides; il fut donc arrêté que nous nous y rendrions le jour suivant; sir Arthur nous quitta pour se rendre chez le consul anglais.

— Convenez, me dit Othon, que nous avons un singulier associé; êtes-vous disposé à lui laisser supporter tous les frais de notre entreprise?

— Non, mon ami, je ne voudrais pas que les journaux de Londres rapportassent que deux hommes honorables, un Allemand et un Français, ont accompagné sir Arthur Caverly dans une expédition ayant pour but la chasse aux éléphants, avant que mylord ait rejoint ses amis à Karthoum.

— Les Anglais nous prendraient pour deux hommes aux gages de mylord, dit Othon avec dédain.

— Oui, surtout quand une petite note énumérerait les frais du voyage supportés par mylord.

Nous gardâmes quelques instants le silence, évidemment livrés aux mêmes réflexions, qui ne chatouillaient pas notre amour-propre.

— Il nous est difficile de rompre décemment, dis-je à Othon.

— Mais il est de notre honneur de demander à supporter notre part des frais. N'est-ce pas votre opinion, Othon?

— Je m'en garderai bien, me répondit-il; son bateau et les autres préparatifs ont été achetés et payés par lui. Savez-vous combien il a déjà dépensé : plus de trente mille francs, monnaie de France. Et il n'est pas à bout de ses inventions : il m'a parlé de je ne sais quelle tour portative, composée de barreaux de fer, qui nous mettrait à l'abri des bêtes féroces, que nous pourrions tuer tout à notre aise. Ce genre de chasse vous convient-il?

Les chasseurs en Nubie

— Nullement, mon ami, je viens chercher les émotions et les dangers d'une chasse africaine, et non m'établir dans une tour en fer, qui ôterait toute saveur à notre chasse.

— C'est bien, me dit Othon, nous nous comprenons; mais que pensez-vous de son moulin à vent, qui nous exposerait au ridicule?

— Je pense, Othon, qu'on ne doit pas craindre le ridicule, quand il s'agit d'une invention que l'on peut perfectionner, et qui rendrait service à la navigation?

— Vous le croyez, me dit-il, eh bien! si cela est, l'Angleterre s'en emparera; croyez-le bien.

— Revenons à notre projet primitif. Je proposerai à sir Arthur de supporter les dépenses qui me seront personnelles, en y comprenant mes deux serviteurs; gentilhomme français, je ne me mets à la solde de personne.

— C'est bien, dit Othon, il faudra que la chose soit arrêtée. S'il veut faire des inventions, il en fera tout à son aise : quant à moi, je veux chasser en chasseur, et pas autrement.

Nous en étions là de notre conversation, lorsqu'un homme de la suite de sir Arthur nous apporta un pli de la part de son maître. Il était à mon adresse; je l'ouvris et lus haut les lignes suivantes :

« Mes chers amis, je viens d'apprendre, chez notre » consul, une nouvelle qui me contraint de retourner » sans délai à Alexandrie. Si je ne suis pas de retour » le 27 de ce mois, époque fixée pour notre départ, » disposez de tous les préparatifs déjà faits, comme si » je me trouvais encore avec vous, et suivez votre en- » treprise.

» Je vous serre la main.

» Lord Arthur CAVERLY. »

Je jetai les yeux sur Othon ; dès que nos regards se furent rencontrés, nous laissâmes échapper un immense éclat de rire.

— Vous attendiez-vous à cette invention? me demanda Othon ; elle vaut celle du bateau moulin à vent ; cet homme nous eût lancés dans les embarras du voyage, et nous eût plantés là, en nous disant : Mylord Arthur Caverly vous serre la main. Quelle nouvelle lubie lui a donc passé par la cervelle? dis-je, en relisant le billet.

S'il n'offrait pas de laisser à notre disposition tous ces achats, je croirais qu'il veut aller seul rejoindre ceux qui sont en avant. Mais ce n'est pas cela.

Je me perdais en suppositions, et me trouvais heureux d'être rendu à toute ma liberté d'action.

— Othon, dis-je, Thomas Killnow, l'intendant de sir Arthur, nous renseignera sur la valeur des achats de son maître ; nous prendrons ce qui nous convient et en payerons la valeur.

La chose ainsi arrêtée entre nous, comme l'heure du dîner était sonnée, nous nous mîmes à table, et fûmes de nouveau étonnés d'apprendre de Pierre, mon serviteur, que toute la suite de l'Anglais était déménagée, laissant tous les bagages qui ne lui étaient pas affectés.

Nous fîmes ensuite donner avis au consul anglais qu'il eût à recevoir les bagages laissés par lord Arthur.

Ce consul vint lui-même nous trouver, il nous renouvela les intentions exprimées dans le billet de sir Arthur, et nous déclara qu'il n'avait rien à faire dans l'affaire dont nous voulions le charger.

Comme je ne parlais que fort mal l'anglais, m'étant livré depuis peu à l'étude de cette langue, Othon se rendit notre interprète. Il fit connaître au consul que notre projet ne nécessitait pas un bagage aussi consi-

dérable, puisque nous allions nous trouver seuls ; que
nous retiendrions les objets à notre convenance, en les
payant ce qu'ils valaient, que nous le priions, en conséquence, et dans les intérêts de son compatriote, de
ne pas laisser le reste à l'abandon. Nous déclarâmes
que telle était notre intention bien arrêtée.

Le consul comprit nos raisons et fit procéder à cette
espèce d'inventaire. Ses rapports avec nous furent
pleins de politesse et de condescendance ; il nous apprit
que sir Arthur semblait appelé par le gouvernement
britannique à occuper un emploi très élevé, qu'il avait
manifesté antérieurement le désir d'occuper, et qu'il
était allé à Alexandrie pour s'aboucher avec un agent
du ministère anglais ; il ajouta que, puisque nous re-
fusions formellement de profiter de la libéralité de
notre ami, il ferait diriger le tout vers Karthoum, où
devaient se trouver les amis de sir Arthur.

Nous nous trouvâmes donc aussi libres de nos mouvements qu'avant notre association singulière avec
l'Anglais ; certes, nous ne lui aurions fait aucune concession qui eût blessé notre indépendance, mais tout
le bagage lui appartenait ; le nombre de ses serviteurs
étant plus considérable que celui des nôtres, il devait
jouir d'une influence gênante pour deux hommes aussi
indépendants qu'Othon et moi. Nous en revînmes à la
simplicité de mon premier projet, et prîmes nos
mesures pour le mettre à exécution, immédiatement
après notre visite aux Pyramides ; mon savant ami ne
voulait pas s'éloigner du Caire avant d'avoir visité ces
curieux monuments du passé ; peut-être n'en aurions-
nous plus l'occasion, me dit-il.

C'est à Gizeh, petite ville sur la rive gauche du
Nil, que les voyageurs se rendent pour aller visiter les
Pyramides, situées au sud-sud-ouest. Nous eûmes à
traverser un terrain difficile et marécageux, durant à
peu près deux heures de marche ; nous atteignîmes

bientôt la limite des champs cultivés, et nous nous trouvâmes en face de rochers calcaires; il servent de base aux Pyramides. La nuit approchait, notre guide nous introduisit dans une vaste excavation creusée dans le rocher, pour y passer la nuit. Plusieurs autres excavations s'ouvrent aussi dans les flancs des mêmes rochers; elles furent primitivement destinées à servir de tombeaux.

Après nous y être installés, comme j'avais lu dans les narrations de voyages que l'on était exposé au pillage des Bédouins, je pris quelques mesures pour assurer nos personnes durant la nuit; le guide nous affirma qu'elles étaient inutiles, et que depuis le gouvernement de Mohamed-Ali, ces brigandages avaient cessé.

— La première excursion que nous faisons hors des villes de l'Egypte, me dit Othon en allumant son cigare, nous conduit dans les sépulcres, et nous les donne pour gîte de nuit.

— C'est que nous marchons sur la terre des tombeaux, Othon, et que le passé se révèle ici par des cadavres conservés depuis des milliers d'années, et par des monuments qui étonnent les yeux, dépassent l'imagination, et qui furent élevés pour conserver des cadavres.

— Singulier peuple, me dit-il; nous connaissons mieux les précautions qu'ils ont prises pour les morts, que leurs coutumes intimes. Quel effet vous ont produit ces masses gigantesques, mon ami?

— Nous ne les avons encore vues que d'assez loin, Othon; mais j'ai toujours remarqué la petitesse des œuvres des hommes, quand elles ne sont pas en comparaison avec d'autres œuvres des hommes. Ici j'ai vu les Pyramides, et autour le désert, les rochers, au-dessus le ciel; voilà pourquoi je les ai mal appréciées. Il faut être à leurs pieds, les toucher de la main pour bien les admirer et pour sentir tout ce qu'elles ont de grand et de gigantesque.

De grand matin nous étions debout : à l'orient une couleur rose tendre s'étendait dans l'azur encore sombre du ciel, de petites nuées bleues semblaient se fondre à la surface du désert, et les cônes immobiles des Pyramides se dressaient dans une atmosphère translucide et paisible. Ce spectacle me saisit : cette immobilité colossale debout au milieu du calme du désert me parla un langage que mon âme n'avait jamais entendu ; je restai aussi immobile que ces masses de pierres que je croyais pouvoir toucher et qui se trouvaient encore loin de moi ; Othon, les bras croisés, restait aussi silencieux. Soudain, comme la lueur d'une étincelle électrique, la pointe de la pyramide de Chéops s'illumina. La lueur embrasa, dans une circulation rapide, le contour du sommet, puis ne brilla qu'au côté de l'orient. C'était le premier rayon du soleil, qui avait glissé sur les mers orientales et qui s'arrêtait au point culminant des basses terres du vieil empire des Pharaons. L'astre brillant parut tout entier sur l'horizon, et je crus voir de légères vapeurs s'élever des étages de la pyramide.

— Voyez, Othon, ne dirait-on pas qu'elle envoie la fumée de l'encens d'un sacrifice vers ce ciel où sa tête se dresse depuis tant de siècles ?

— Faible rosée de la nuit, déposée sur ces pierres brûlées par un soleil ardent, me dit Othon.

Nous restâmes longtemps en silence, les yeux attachés sur le monument de Chéops : il me serait impossible de redire mes pensées ; je n'éprouvai rien de ce que les voyageurs racontent avoir éprouvé ; bien certainement ils ont arrangé leurs sensations dans le recueillement du cabinet. On ne peut guère penser dans les premiers moments, on est comme étourdi : on a

le sentiment de sa faiblesse en présence de ces monuments élevés cependant par la main des hommes.

Les alentours de la pyramide sont exhaussés de
monceaux de débris, du côté du nord; nous gravîmes
un de ces monceaux d'une hauteur d'environ quarante
pieds, pour atteindre l'entrée de la pyramide. Le couloir était tortueux et voûté : dans certains passages, il
fallut ramper sur le ventre, puis escalader des
escaliers, dont les marches se trouvaient très élevées.
Nous portions tous un flambeau dont la lueur,
réfléchie par ces voûtes séculaires, nous revenait terne
et humide : des chauves-souris agitaient cette lueur en
battant de leurs grandes ailes cette atmosphère
lourde et suffocante. Nos visages semblaient teints de
la pâleur de la tombe, et nos yeux noyés dans une
atmosphère sombre et épaisse.

La fatigue pesait sur tous mes membres, la tristesse
et l'effroi sur mon esprit, quand nous atteignîmes enfin
la salle la plus étendue, à laquelle aboutissait notre chemin souterrain ; un seul sarcophage vide s'y trouvait,
on prétend que c'était celui d'un Pharaon. Des millions
d'Egyptiens ont pu soustraire à la décomposition les
corps de leurs morts : celui d'un roi a laissé le
sarcophage qui lui était destiné vide, le couvercle
même manque; cependant il est resté dans la pièce
principale du monument funéraire.

— La main de l'homme n'épargne pas plus les dépouilles des rois que celles des plus humbles sujets,
dis-je à Othon.

— Elle les épargne moins, me répondit-il ; les rois,
oubliant qu'ils sont mortels, veulent emporter les
insignes de leurs grandeurs terrestres dans le sépulcre.
La main des hommes va y réclamer les richesses.

On sort de cette chambre mortuaire avec un sentiment de pitié et de désappointement; elle est plus que
mesquine, la masse colossale qui s'élève au-dessus

d'elle et qui l'entoure, donnait à la curiosité une attente
bien différente. Ah! qu'il est doux de respirer le
grand air à la sortie de ces ténèbres, de cette atmosphère de mort! Mes deux serviteurs se trouvaient au
sommet de la pyramide : sans leurs mouvements, je
les eusse pris pour des pointes saillantes au-dessus de la
dernière assise. Quoique la pyramide soit en partie
dépouillée de son revêtement, nous pûmes sans beaucoup de peine gravir d'assise en assise jusqu'au sommet; de là nous eûmes de tous côtés le panorama le
plus étonnant peut-être de la terre.

Au sud, les pyramides de Sakkara dressaient leurs
aiguilles sur un sol ras et qui se perdait à l'horizon;
le Caire nous apparaissait comme un amas confus de
buttes de terre surmontées des tours des minarets; à
droite et à gauche des entassements de décombres, les
ruines des palais, des temples des anciens Pharaons,
les ruines plus récentes des Ptolémées. Toute l'histoire
de l'antique Asie, les amas de tous ses monuments, de
toutes ses gloires; ici la fertile vallée du Nil, se déroul-
ant avec ses palmiers, ses sycomores, ses diaprures de
verdure et de maisons, et le large ruban roulant du
fleuve; là le désert et ses solitudes silencieuses, et ses
horizons perdus dans des vapeurs bleuâtres. L'âme
sent, pense, et n'éprouve point le besoin de se communiquer. Othon s'était étendu sur le ventre, et se tenait
le menton appuyé sur le coude. Sans cette attitude je
ne l'aurais pas remarqué.

— Etendez-vous près de moi, me dit-il, cette vue,
les souvenirs qu'elle éveille, qu'elle accumule dans
l'esprit, me font tourner la tête; je n'appartiens plus
au présent. Les ombres du passé sont vivantes, je les
ai sous mes yeux; voyez-vous ces déserts qui
s'étendent vers le haut du fleuve : les soldats de
Sésostris les ont franchis, pour réprimer les noirs
habitants de l'Abyssinie; Moïse a parcouru ces lieux,

il a campé dans ces solitudes. Le farouche Cambyse, dont les soldats armés de piques portaient la barbe tressée, a laissé sur ces sables d'immenses festins aux lions, aux chacals et aux oiseaux de proie; les sages de la Grèce sont venus visiter ces monuments aux jours où ils allaient recueillir les sciences dans les sanctuaires de l'Egypte. Mais tous ces souvenirs semblent pâlir à l'aspect des Macédoniens Le vainqueur de Darius comprit l'Egypte et mourut trop tôt pour la gloire de cette contrée. Attendez, attendez; les gloires de tous les siècles, de tous les genres, s'y donnent rendez-vous; voici le siècle savant et glorieux des Ptolémées : la ville d'Alexandre devient le centre des sciences éparses dans le monde civilisé.

Comme toutes les gloires, celles de la science pâlissent à leur tour, et le belliqueux mais ignare soldat romain apporte ses aigles victorieuses sur la terre des Ptolémées : elles ont vu Pompée et son heureux rival César. Réduite en province romaine, cette terre d'Egypte, si favorable aux grandes batailles, verra le plus grand des chrétiens luttant contre le plus grand des Sarrasins; le sable s'abreuve encore de sang, les chacals poussent des cris de joie et les lions accourent des déserts pour prendre part à l'immense festin de chair humaine. La destinée de l'Egypte est-elle accomplie, voici les farouches et fanatiques sectateurs du Prophète qui s'abattent sur cette terre : la servitude et tous ses avilissements abrutissent sa population; un homme à l'œil d'aigle, au génie sans bornes, voit cette terre désolée, et les soldats de votre république la conquèrent sous ses ordres. Si le destin ne l'eût pas rappelé en France, l'Asie sortait de ses cendres, une ère nouvelle commençait pour elle, et l'isthme de Suez s'ouvrait au commerce du monde. Bonaparte et les Anglais entrevirent seuls cet avenir.

— Indiquez-moi, mon ami, une contrée sur la surface de notre terre où les gloires et les splendeurs de tous les siècles ont passé comme sur cette terre d'Egypte; elle est prédestinée et sortira de son tombeau : Europe, Asie, Afrique et Indes-Orientales y viendront aboutir. Je vous le prédis; je le vois dans l'avenir comme si l'esprit des rois qui ont dormi sur ce sol, dans ces pyramides, venait me le révéler.

C'était à quatre cents pieds au-dessus du sol, semé de ruines, à la vue des déserts de sables et de tant de monuments renversés et enfouis sous le sol, qu'Othon me parlait ainsi; j'avais toujours remarqué en lui une singulière disposition au mysticisme et aux croyances des illuminés allemands. Ce discours me remplit de rêveries, nous cherchâmes à déchiffrer une multitude de noms entremêlés sur la pierre, et n'en trouvâmes aucun de connu.

La descente est assez dangereuse, quoique douce, mais on est saisi d'éblouissement en voyant l'éloignement du sol Il était onze heures quand nous eûmes opéré notre descente. Il me sembla que d'un climat tempéré je tombais dans la zone torride. Déjà le sable était brûlant, l'atmosphère embrasée : nous regagnâmes notre refuge de la nuit pour nous reposer et nous rafraîchir.

J'entendis une conversation assez singulière entre mes deux serviteurs.

— As-tu remarqué la longueur et la largeur des pierres du haut? demandait Banin à son camarade. Comment a-t-on pu monter si haut de telles masses de pierre; aujourd'hui on ne le pourrait pas. Et puis, combien en a-t-il fallu; que de bras pour les extraire, les tailler, les transporter, et quelles puissantes machines pour les monter si haut? ces Egyptiens devaient être de fameux hommes.

Je me mêlai à la conversation, pour la réponse.

— Pierre, ces hommes avaient la taille des momies que vous avez vues au Caire.

— Pas plus grands que ça, Monsieur?

— Ce sont des momies du peuple qui a élevé ces pyramides.

Mes deux serviteurs se regardèrent.

— Quelles machines avaient-ils de ce temps-là, Monsieur?

— Nous pouvons juger de la puissance de leurs machines par les masses qu'elles ont élevées à une si grande hauteur, lui répondis-je; voilà tout ce que je sais.

Mon autre serviteur me dit :

— Il a fallu bien des bras pour élever ces masses, Monsieur; l'Egypte était-elle plus peuplée que la France?

— Son étendue habitable n'est pas le cinquième de la France, lui répondis-je. Alors ces peuples-là ont dû être bien pressurés; puisqu'un homme leur faisait exécuter de si prodigieux travaux pour couvrir son cadavre, que n'a-t-il pas dû exiger de son vivant!

Othon m'appela.

— Voyez, me dit-il, voilà du côté de Gizeh une troupe nombreuse qui vient à la pyramide ; regardez donc comme elle paraît peu de chose auprès de cette masse !

Effectivement une centaine de personnes à cheval s'avançaient vers le pied de la pyramide ; il me sembla qu'une troupe de fourmis cheminait vers une maison.

Ce monument écrase l'imagination, mais l'admiration se change en tristesse quand on réfléchit que ce n'est qu'un tombeau; j'aurais mieux aimé que ce ne fût qu'un gnomon horaire; là, il y aurait eu une idée pour la postérité.

A notre retour au Caire, nous trouvâmes une invitation de la part de monsieur Linant-Bey, celui qui m'avait si bien accueilli; il nous attendait le lendemain et nous annonçait un déjeuner français.

Linant-Bey est d'origine française et a conservé pour sa terre natale un amour qu'il fait rejaillir sur tous les Français qui réclament sa protection.

— Je sais, nous dit-il, que vous avez perdu un des vôtres : je vous en félicite.

Puis, après un court silence, il nous demanda *ex abrupto*

— Connaissez-vous bien les Anglais?

— Celui-ci, répondis-je, s'était associé à notre entreprise d'une façon assez singulière; je lui racontai comment avait eu lieu notre association.

— Je vais lever le voile, nous dit-il : l'ascendant de Mohamed-Ali, ses projets de réformes, inquiètent les Anglais, qui aimeraient mieux le gouvernement stationnaire du Grand-Seigneur que celui d'un homme énergique, à vues profondes, maître de l'Egypte. Savez-vous que la mer Rouge est très importante pour leurs possessions des Indes, et qu'ils prévoient ce que deviendra l'Egypte sous un maître comme celui qui la gouverne? Ici leurs consuls sont nos espions, à Constantinople ils sont nos ennemis; votre associé est un agent du gouvernement anglais, comme les hommes qui remontent le Nil depuis un mois.

L'Angleterre veut tâter toutes les artères de l'Egypte, et ses *découvreurs* (sic) ne nous manquent point. Sans l'Angleterre l'Egypte serait un royaume indépendant, et l'isthme de Suez ouvert, une menace pour le commerce britannique, peut-être pour les possessions des Indes.

Il s'arrêta tout-à-coup, comme s'il en avait trop dit.

— Allons, nous dit-il, un toast à la France, à la France qui pouvait faire ici tant de choses. Il devint rêveur.

— Ainsi, nous dit-il presque brusquement, vous avez l'intention de remonter le Nil; je vais vous donner des lettres pour les postes égyptiens; ne vous chargez point de provisions : vous en trouverez quand vous aurez besoin d'en faire : je ne vous dis pas : évitez les Anglais ; je vous dis seulement : tenez-vous en garde contre eux; s'il ne vous jouent pas de mauvais tours, ils vous en feront jouer par les naturels. Je vous le répète, leur projet n'est scientifique que pour couvrir le projet commercial; l'Anglais est marchand avant tout; cet esprit anime même leurs distributeurs, leurs marchands de bibles, devrais-je dire.

Il ne nous fut pas difficile de comprendre que le gouvernement égyptien se défiait de l'Angleterre, et encore moins de sentir qu'il avait raison.

Nous quittâmes le palais somptueux de Linant-Bey, comblés de politesses et de présents; il nous promit un interprète sûr et un chasseur intrépide, fils des anciens Mamelouks, attaché à sa fortune depuis de longues années.

— Il est Arabe d'origine, nous avait-il dit, il récréera vos stations par le récit des merveilleuses histoires que l'on raconte encore, sous la tente, dans le désert. Il vous sera utile, tout en servant les intérêts de l'Égypte.

Nous laissâmes donc une partie de nos bagages au Caire, ne prîmes que les choses d'absolue nécessité, et nous préparâmes à nous mettre en voyage le surlendemain. Nous devions avoir une escorte égyptienne que nous laisserions à une des stations occupées par l'Égypte, à l'embranchement du Nil Blanc et du Nil Bleu. Linant-Bey nous avait renseignés au sujet de ces deux affluents; le Nil Bleu n'était pas le véritable Nil, c'était un affluent. Le Nil Blanc, Bahr-el-Abiad, l'autre affluent, est nommé Bahr-el-Azzak.

CHAPITRE IV.

Navigation sur le Nil. — Quelques détails. — La première
cataracte. — Elle est franchie. — Ile de Philœ. — Les
crocodiles. — Les barques égyptiennes s'éloignent. — La
voix du lion dans le silence de la nuit. — Chasse. — Les
gazelles. — Beaux coups de carabine. — Le lion. — Son
approche. — Il est tué. — Arrivée de la lionne. — Attaque
impétueuse. — Trois blessés. — Les deux baudets. —
Nuit au village. — Retour à la barque. — Nouveaux projets de chasse.

Nous sommes enfin embarqués sur le Nil; la troupe
égyptienne qui se rend à la première station dans la
Haute-Egypte, monte trois grandes barques pontées;
celle que nous avons affrétée est moins grande, mais
suffisante pour nos gens et nos bagages. Je n'ai point
à faire la description des lieux renommés devant lesquels nous passions; ce n'est pas d'une navigation sur
le fleuve que l'on peut acquérir la connaissance des
lieux. L'Egypte m'apparut un pays plat, couvert çà et
là de bouquets de sycomores, de palmiers et d'autres
arbres à moi inconnus. A l'époque de notre passage, la
campagne avait un aspect aride, poudreux, avec une
teinte jaunâtre sur toute l'étendue |de la plaine. Les
montagnes entre lesquelles la vallée du Nil est
enchâssée ont un aspect dénudé, aride, et sont d'une
moyenne élévation. Ce qui charmait la monotonie de

celte perspective, était des îles plus ou moins étendues, qui ressemblaient à des corbeilles de verdure et
de fleurs, et les larges tapis de feuilles de nénufar, au
vert luisant, au-dessus desquelles leurs fleurs d'une
blancheur éblouissante semblent couchées dans un mol
abandon et se laissent bercer par les ondulations du
fleuve.

Othon prenait des notes, consultait les livres de
voyages relatifs à ces lieux célèbres.

Il se désespérait de ne pouvoir descendre à terre,
car nous nous trouvions pour ainsi dire attachés à la
troupe égyptienne; l'interprète que nous avait donné
Linant-Bey avait une grande connaissance des lieux
qui se présentaient tantôt sur la rive droite du fleuve,
et tantôt sur la gauche, et se plaisait à donner des
détails à mon ami, avide de les recueillir.

N'étant point possédé de sa passion, je songeais au
moment où nous pourrions mettre le pied sur un bon
terrain de chasse : mais cela n'empêchait pas mes
gens de se promener sur le fleuve et le long de ses
rives. J'étais en réalité en présence d'une nature qui
différait entièrement de celle de ma patrie ; si le Nil
n'est pas le premier des fleuves connus, il n'y en a
guère qui puissent lui être comparés, ni qui soient
plus étranges.

La crue commençait à se faire sentir, mais les eaux
coulaient claires, ayant une teinte verdâtre; nous
avions atteint la hauteur du lieu où se trouve la
fameuse mosquée Noter-el-Nabi, sur la rive orientale
du fleuve.

— C'est, nous dit notre interprète Joussouf, un lieu
de pèlerinage très fréquenté par les dévots musulmans
du Caire. Ils vont y vénérer une pierre qui porte
l'empreinte, disent-ils, du pied du Prophète. Nous
vîmes deux baadies chargées de pieux pèlerins que le
courant du fleuve emportait, tandis que nos rameurs

nous poussaient avec peine, hors le courant, dans une espèce de remous qui favorisait leurs efforts.

Bientôt les eaux prirent une couleur jaunâtre, perdirent leur transparence, et roulèrent en plus grande masse : c'était la véritable avant-garde du débordement. Le soir, nous estimâmes que nous approchions de l'île de Philœ; la première cataracte n'était pas à une grande distance; effectivement le vent, quoique faible, venant d'amont, nous apporta, vers le soir, des murmures sourds d'abord, puis distincts.

— Nous pourrons la franchir, nous dit Joussouf : lorsqu'Ismaïl-Pacha fit l'expédition de Nubie, en 1821, les rochers furent brisés ou minés; et depuis les barques solides peuvent la remonter, au temps des grandes eaux.

Le temps était fort calme, le vent soufflait toujours d'en haut; toute la nuit nous entendîmes le bruit assourdissant des eaux, nos barques ramèrent lentement; on trouve déjà des rochers hors du courant.

Dès qu'il fut jour, je sortis de ma cabine avec Othon, et nous allâmes nous placer à son avant. Un brouillard léger et transparent s'élevait par bouffées au-dessus du fleuve et s'évanouissait à une faible élévation dans l'atmosphère sèche de l'Egypte.

— Il faut bien du temps pour corriger une fausse dénomination, me dit Othon. On continue de nommer cataracte cette chute d'eau; je ne lui crois pas un mètre d'élévation; voyez, la pente est une courbe, il n'y a pas même de chute, mais un glissement.

— Cependant, lui répondis-je, je ne vois pas trop la possibilité de remonter ce glissement.

— Ce qui s'est fait pour les transports d'Ismaïl-Pacha, me dit-il, peut encore se faire, et même plus aisément, car l'expérience l'aura enseigné.

Les barques égyptiennes se rapprochèrent de la rive.

On nous dit qu'il faudrait attendre quelques jours, que les eaux fussent plus hautes en bas.

Je voulus en profiter pour aller à terre.

— Prenez-y garde, nous dit Joussouf, nous commençons à entrer définitivement dans les domaines des crocodiles. Jusqu'ici nous n'en avions découvert que deux qui s'étaient aussi enfoncés dans les roseaux.

La rive était assez élevée, et montrait des rochers rougeâtres : à nos pieds se balançaient de grands roseaux, l'avant de notre barque les courbait facilement; mais l'eau manqua, quoiqu'elle n'eût qu'un faible tirant. Il fallait traverser un espace d'environ trente pieds pour atteindre le bord, à travers des roseaux et en enfonçant dans la boue.

Tandis que nous cherchions des yeux un abordage plus commode, à cinq pas en avant de la barque, les roseaux et les hautes herbes se courbèrent, et la tête hideuse d'un crocodile nous apparut, puis son corps couvert d'écailles luisantes.

Il nous regarda un instant, puis se plongea dans cette forêt de roseaux, en laissant après lui un long et large sillon. Il nageait en descendant la rive.

Je n'avais jamais bien pu examiner cette affreuse bête; j'avoue que j'éprouvai de l'effroi et de l'horreur. Les rangées de dents qui armaient sa longue mâchoire me parurent capables de broyer un corps humain en un instant.

Cela nous dégoûta de descendre à terre.

— C'est un animal assez timide, nous dit Joussouf, depuis qu'il n'est plus un objet de vénération, qu'il a vu tant et tant de tumulte sur les rives de la Basse-Egypte. Il est remonté vers le haut du fleuve; tout formidable qu'il est, il veut vivre sans être inquiété.

— Ses écailles sont-elles réellement à l'abri de la balle? lui demandai-je.

— Oui, si vous le tirez avec une balle de plomb

quand la tête est tournée vers vous, la balle glisse sur les écailles; mais si, avec une balle de fer, vous le tirez quand il se présente de côté, quoiqu'on dise le contraire, je soutiens que la balle traversera les écailles. J'en ai vu deux exemples.

— Nous essayerons, Joussouf, à la première occasion.

— Elle ne se fera pas attendre, celui que nous avons délogé n'était pas seul. D'ailleurs, au-delà de l'île de Philœ nous les trouverons plus nombreux; mais je doute qu'une balle de plomb traverse l'écaille, elle s'y aplatira.

Tandis que nous causions ainsi, une des barques qui portait les soldats s'était approchée de la cascade, dont la chute n'était presque plus visible à cause de l'élévation des eaux inférieures. Le vent avait changé et venait de la Basse-Egypte; je pensai qu'on allait tenter le passage. Les voiles triangulaires furent tendues; les barques se mirent à la suite l'une de l'autre, et l'on nous donna le signal d'avancer; notre voile tendue, nos rameurs poussèrent vigoureusement la barque, nous nous trouvâmes à la file; notre avant touchait presque l'arrière de la dernière barque. Celle-ci nous lança un petit câble, qui fut fortement assuré à l'avant. Les deux autres barques se tenaient aussi par un câble, de l'une à l'autre; ce fut avec anxiété que nous suivîmes du regard la manœuvre de la barque qui faisait tête. Une partie des rameurs de la seconde y était passé, quand l'avant se présenta au courant, la barque eut un temps d'arrêt; la voile et les rames la maintenaient contre la force de l'eau.

Tout-à-coup son avant se dresse de plusieurs pieds; l'eau rejaillit écumante des deux côtés, et trente rameurs répètent vigoureusement leurs coups de rames. La barque est sur le plan de l'eau supérieure, mais elle va être rejetée sur la seconde barque, je vois déjà les embarcations lancées l'une contre l'autre, et

je vais crier de nous écarter, lorsque notre barque
éprouve une secousse violente. Nos rameurs se pen-
chent sur les rames, gagnent l'espace ; nous touchons
à la troisième barque à l'instant où son arrière
s'abaisse, et j'aperçois les deux premières au-delà de
la cataracte. Il n'y eut pas un mot prononcé sur notre
barque, mais malgré le bruissement retentissant des
eaux, j'entendis les profondes aspirations de nos
rameurs ; au moment critique, je faillis être renversé,
le plan de la barque s'inclinant en arrière. Un trem-
blement qui ressemblait à un faible tangage agita la
barque, qui se mit aussitôt à marcher en avant. Nous
avions aussi franchi la cataracte ; je conviens que j'en
éprouvai un grand soulagement, et qu'en jetant les
yeux en arrière, mesurant l'étendue de la chute, la
masse immense d'eau qui y glissait, car il n'y avait
plus de cascade, j'admirai l'audace de nos mariniers et
surtout leur sang-froid. Ils ramaient toujours avec
rapidité pour s'éloigner de la violence du courant. Un
quart d'heure après nous nous trouvions dans une eau
paisible, car nous avions gagné un des côtés du fleuve,
qui étendait ses eaux sur toutes les parties basses de
ses rives.

Il y eut un instant de repos : nos rameurs, demi-
nus, étaient ruisselants de sueurs. Je leur fis distribuer
une ration d'eau-de-vie. Cette bienveillance inusitée
les charma : leurs gestes, leurs regards exprimaient
leur reconnaissance.

— Voyez, me dit Othon, combien il serait facile aux
grands de gagner l'affection de leurs inférieurs !

— C'est vrai, mon ami, mais ils sont habitués, ces
grands, à regarder leurs inférieurs comme destinés
naturellement à les servir, et ils ne font pas attention
à ce qu'ils font pour eux.

Notre navigation continua lentement ; le fleuve es
moins libre au-dessus de la cataracte qu'au-dessous ;

des blocs de rochers embarrassent son cours jusqu'au-dessus de l'île de Philœ : cette île nous apparut. Comme toutes celles que nous avions côtoyées et que nous vîmes dans la suite, elle formait un contraste gracieux avec la couleur de brique des eaux, et les rochers lointains, dont la ligne dénudée et d'une couleur som-bre formait l'encaissement de la vallée du Nil. Les perspectives monotones qui vont se perdre à l'horizon, ont quelque chose qui pèse sur l'esprit. On se trouve comme un point perdu dans cette immensité, on en est écrasé; le moindre contraste vous charme, vos regards s'y fixent; l'infini étouffe l'homme. Ce fut avec un singulier soulagement que nous examinâmes cette petite île, que les eaux semblaient prendre par une lente escalade. Des palmiers, des sycomores, avaient déjà leurs troncs enfoncés dans les eaux ; mais, au-dessus de cette ligne, le rocher s'élevait brusque-ment et protégeait le centre de l'île.

Nous aurions désiré y faire relâche, et jeter un coup d'œil sur les ruines qui y sont étalées; mais il fallut suivre les barques égyptiennes; voici l'aspect qu'of-frait le fleuve : dans le courant s'élevaient des vagues irrégulières, précipitées les unes sur les autres; les rayons du soleil éclairaient une seconde leur croupe jaune, pâle, les reflets en jaillissaient et éblouissaient les yeux; des deux côtés du courant, les eaux reve-naient sur leurs pas, s'avançaient lentement sur les terres, qui se changeaient en lacs; mais, en portant les yeux d'un rivage à l'autre, le Nil présentait 'image d'une mer dont on voit les rives, et dont le milieu est dans un bouillonnement continuel, et un mouvement rapide en avant.

J'a' hâte d'arriver au lieu de notre mise à terre, et de notre véritable commencement de campagne de asseurs. Le temps que nous passâmes sur le fleuve eût été pour nous un long ennui, si l'interprète que nous avait donné Linant-Bey ne l'eût vraiment charmé par ses récits. J'en rapporte ici un, il donnera une idée des autres.

Avant que l'Egypte fût soumise par Alexandre, il y avait à Gizeh un pauvre potier à qui rien ne réussissait; sa famille était nombreuse, le malheur s'était assis à son foyer; un jour qu'il était poursuivi par des créanciers impitoyables, il quitta sa hutte, et, dans son désespoir, courut au hasard à travers les terres cultivées. Il en atteignit la limite et se lança dans les lieux déserts qui précèdent les Pyramides. La nuit étendit son voile étoilé sur la terre; il marchait toujours, comme entraîné par une force invisible; il ne s'arrêta qu'aux pieds de la pyramide de Chéops : là, exténué de fatigue et mourant de faim, il se jeta la face sur le sable et se mit à sangloter. Une main serra son épaule droite : étonné, car il se croyait seul, il souleva [a tête et vit à côté de lui un homme de haute taille, des épaules duquel pendait un manteau blanc. Il le regarde sans trop de frayeur; le visage, orné d'une longue barbe blanche, avait l'éclat de la lune en son plein, mais les yeux manquaient de celui de la vie. Le pauvre potier frissonna dans tous ses membres; cependant, comme cette apparition n'offrait rien de menaçant, il osa se lever et l'envisager avec plus d'attention.

— Pourquoi, lui demanda le fantôme, ne me parles-tu pas? je sais que tu souffres, la solitude ne t'entend point, et moi je t'entends. Que viens-tu faire en ces lieux, dont je suis le gardien?

— Qui que tu sois, génie ou esprit d'un autre monde, tu dois lire dans mon cœur. La douleur l'écrase. Ma famille manque de nourriture, et quoi que j'aie pu faire, il m'a été impossible de lui en procurer. Pardon si je t'ai outragé en me rendant ici; le désespoir m'y a conduit.

— Suis-moi, dit le génie, car c'était le génie pro-
tecteur de la pyramide ; il se mit à marcher en avant.
Arrivé aux pieds du monument, il dit au potier :

— Ne t'effraye de rien.

Ils montèrent nombre de degrés ; le génie s'arrêta,
posa la main sur une large pierre des assises, elle
tourna sur elle-même, et une ouverture s'offrit devant
eux.

La figure du génie devint rayonnante ; le passage
ténébreux s'éclaira, et ils s'y engagèrent. Tantôt ils
suivaient une ligne droite ; tantôt ils gravissaient de
hautes marches, et avançaient sous des voûtes recou-
vertes de grandes dalles en pierres. Ils firent de nombreux circuits et arrivèrent ainsi dans une vaste salle,
dont le plafond se trouvait très élevé ; elle était parfaitement éclairée, sans que le potier y vît aucun
flambeau. Au milieu de la salle s'élevait un grand
sarcophage couvert d'inscriptions dans une langue in-
connue. Le génie posa le doigt sur le couvercle ; il se
souleva et laissa voir au potier une momie entourée
de bandelettes. Aux pieds brillaient des ornements
d'or, enrichis de perles.

Le pauvre potier en fut ébloui ; il n'en détachait pas
les yeux.

— Ces trésors, lui dit le génie, sont les trésors d'un
roi ; ils sont cachés ici depuis des siècles. Ta misère
m'a touché, prends ce qui peut te relever, retourne
dans ta famille, travaille et n'abuse point de mes
bienfaits.

Le potier enleva un collier de perles fines, et des
ornements d'or.

— Prends garde, lui dit le génie ; trop de richesse
corrompt : ce que tu veux enlever ferait la fortune
d'un scheik.

Le potier laissa échapper de ses mains les ornements

d'or et allait mettre le collier de perles dans sa cein-
ture, quand le génie lui dit :

— Prends garde, une seule de ces perles réalisera
une fortune à laquelle tu n'aurais jamais osé aspirer.

Le potier voulut prendre la moitié du collier ; mais
une seule perle lui resta dans la main, et le couvercle
retomba sur le sarcophage. Il jeta les yeux sur le
génie ; son visage avait une gravité terrifiante ; il le
suivit par les mêmes détours et revint à la clarté du
ciel étoilé. Il regarda autour de lui et se trouva seul.

Un vague sentiment de terreur s'empara de lui ; il
crut se réveiller d'un rêve ; mais il sentit la perle dans
sa main et comprit qu'il n'était pas la dupe d'une
illusion. De retour à Gizeh, il alla trouver un joaillier
et lui vendit sa perle. La somme qu'il obtint put lui
permettre d'acheter autant de terre qu'il pouvait en
cultiver avec sa famille ; il pouvait vivre heureux.

Mais l'or altère : le souvenir des trésors qu'il avait
vus aux pieds de la momie lui revenait sans cesse à
l'esprit, le poursuivait jusque dans ses rêves ; en devenir le possesseur fut son idée fixe : en effet, se
disait-il, ce collier de perles, dont une seule m'a
donné une fortune honnête, me rendrait plus riche que
le joaillier qui l'a achetée, plus riche que le plus
riche de Gizeh. A quoi servent ces richesses enfouies
depuis des siècles aux pieds d'un cadavre qui n'en a
pas besoin ? Dieu a-t-il donné les trésors aux hommes
pour qu'ils n'en fassent aucun usage ?

En faisant ces réflexions, le potier soupirait, se
trouvait malheureux de ne posséder que ce qu'il pos-
sédait. Il avait deux fils ; le plus âgé, nommé Ibrahim,
continuait d'exercer la profession de son père, après
avoir aidé à sa famille à ensemencer les terres et à
récolter les moissons. D'un caractère doux, il accep-
tait, sans autre ambition, la place que le ciel lui avait
assignée sur la terre, et jouissait paisiblement de son

aisance. Le plus jeune, nommé Saïd, avait un caractère
bien différent ; il avait supporté la pauvreté en mur-
murant, et la fortune, étant devenue meilleure, il la
trouvait inférieure à ses désirs. Ce fut à lui que s'ou-
vrit son père, en lui disant :

— Les trésors que j'ai vus surpassent la richesse
d'un bey ; si nous les possédions, nous n'aurions plus
à supporter les fatigues du travail, à trembler que les
crues du Nil s'élèvent trop ou trop peu pour nos
semences, et, comme les beys, nous aurions un palais,
des esclaves et des chevaux, nous saurions jouir de
la vie.

L'ambition et la cupidité de Saïd n'avaient pas
besoin de voir cette brillante perspective pour désirer
s'emparer des trésors enfouis dans la pyramide ; il se
fit raconter par son père, avec les plus minutieuses
circonstances, son aventure avec le génie ; puis il dit
à son père :

— Pourriez-vous reconnaître l'assise où se trouve
l'ouverture ?

— Certes, je le pourrais, j'ai bien compté en mon-
tant et en descendant, lorsque j'entrai dans la pyramide.

— Eh bien ! père, nous nous armerons de forts
leviers de fer et de marteaux, en ayant soin de nous
munir de torches, et puisque vous connaissez l'assise,
nous trouverons bien la pierre qui ferme l'ouverture.
Si cela est nécessaire, nous la réduirons en poussière ;
il nous faut ces trésors.

Leur projet fut remis au jour suivant ; la cupidité
ne peut attendre.

Ils partirent de grand matin de Gizeh, car ils voulaient échapper aux regards. Un âne était chargé de
tout ce qui leur avait paru nécessaire pour forcer l'entrée du couloir qui conduisait à la chambre des
trésors.

La chaleur du jour commençait à se faire sentir : ils entrèrent dans une excavation voisine de la pyramide pour s'y reposer, et aussi pour examiner si aucun voyageur ne venait visiter ce lieu célèbre. Ils se trouvaient au nord de la pyramide; le père, dont les yeux avaient acquis une pénétration singulière, non-seulement reconnut l'assise, mais encore vit que l'ouverture était béante; une idée accablante l'assaillit.

— Nous sommes ruinés, s'écria-t-il en se tordant les mains; d'autres nous ont prévenus, et les trésors sont enlevés !

— Peut-être sont-ils encore dans la chambre ou dans les couloirs, dit Saïd; allons-y, et si nous les y rencontrons, nous leur donnerons la mort avec ces leviers et ces marteaux.

Les voilà escaladant les degrés avec agilité : ils entrent dans le couloir; ô prodige! ils sont éclairés de la même clarté que répandait le génie de la pyramide, la première fois que le potier y avait été conduit. Cela leur parut de bon augure. Les degrés sont franchis, les voilà dans la chambre du sarcophage; elle est aussi éclairée; le couvercle est soulevé, et les richesses, en or, en perles, en diamants, jettent un merveilleux éclat qui les éblouit. Ils se jettent avec ardeur sur ces richesses, les enlèvent, s'en chargent, et pliant sous le fardeau, regagnent l'ouverture, descendent sans encombre, et arrivent dans l'excavation où ils avaient laissé leur âne.

Ils ne parlaient point; le sang bouillonnait dans leurs veines; des étincelles sortaient de leurs yeux; leurs oreilles bourdonnaient, la joie excessive les rendait stupides. Enfin Saïd revint le premier à la raison; il dit à son père :

— Laissons ici ces vils instruments de fer; enveloppons nos richesses dans nos habits; chargeons-les

Les chasseurs en Nubie.   4

sur l'âne, nous rentrerons ce soir à Gizeh sans être remarqués.

Ils agirent ainsi ; en chemin, Saïd dit à son père :

— Il ne faut pas partager avec mon frère ; il n'a couru aucuns risques, supporté aucune fatigue ; nous partagerons entre nous.

Ce fut accepté du père.

Ils cheminaient tous les deux, livrés à leurs réflexions, Saïd se disait :

— Mon père est déjà vieux, il a été avare toute sa vie ; quand il va s'agir du partage il dira que sans lui jamais je n'aurais découvert ces trésors : il usera de son autorité de père, et ne me laissera que la petite part.

A l'instant un mauvais esprit lui souffla ces mots à l'oreille :

« Si ton père n'existait plus, tout serait à toi ; tu irais dans le royaume de Méroë et tu y mènerais l'existence splendide d'un bey. »

Les plus sinistres pensées vinrent assaillir son esprit ; il jeta un regard sombre sur son père, qui cheminait de l'autre côté de l'âne.

Le père aussi se trouvait assailli de mauvaises passions.

— Je n'avais pas besoin de l'assistance de ce garçon, se disait-il ; le génie me réservait ces trésors, puisque la pierre s'est trouvée dérangée, les couloirs et la chambre illuminés, et que le couvercle du sarcophage était soulevé ; il est évident que je n'avais pas besoin d'aide. Je connais Saïd, il a toujours été rapace et audacieux, il est capable d'attenter à mes jours pour s'emparer de tout.

Et il jeta aussi sur son fils un regard de haine défiante. Leurs yeux se rencontrèrent ; le sang leur monta au cerveau et le génie du mal les lança l'un contre l'autre. Avec leurs bâtons de route, ils s'assail-

lirent furieusement; un coup de bâton alla tomber sur
la croupe de l'âne; cette pauvre bête prit la fuite de
toute la vitesse de ses jarrets. Le père voulut se mettre
à sa poursuite; son fils le renversa d'un violent coup
de bâton sur la tête, et croyant l'avoir assommé, il se
mit à la poursuite de l'âne. Mais les coups qu'il avait
reçus dans sa lutte impie ralentirent tellement sa
course, que l'âne disparut au milieu des terres en
culture, et le laissa livré à son désespoir. Suivons la
bête fugitive. Elle se rendit, toujours en galopant, a
la demeure de la famille, où le fils aîné travaillait devant la porte.

En voyant leur âne arriver au grand trot et couvert
de sueur, il crut qu'un malheur venait d'arriver à son
père et à son frère; sans l'examiner, il cria à sa femme
d'attacher l'animal entré dans l'étable, et changea
promptement d'habits pour aller à la découverte de ses
parents.

— Ibrahim, lui dit sa femme, venez ici.

Elle lui montra les vêtements et ce qu'ils renfer-
maient. Ibrahim fut tout étourdi à cette vue; puis la
pensée lui vint que son père et son frère, ayant aidé à
piller des voyageurs, s'étaient trouvés contraints de se
cacher, et que l'âne seul avait pu s'échapper.

— Silence, dit-il à sa femme : aide-moi à enfouir
dans le trou d'où j'ai extrait de la poterie la charge de
cet âne; et taisons-nous, car si cette aventure vient à
être connue, le bey nous fera mettre à mort.

Ils firent ainsi qu'il l'avait dit; et, lorsque l'animal fut
frotté et nettoyé, ils l'attachèrent à la crèche et retour-
nèrent bien inquiets à leurs travaux, en attendant le
retour du père et du fils. Saïd arriva peu après : son
visage décomposé, ses restes de vêtements en lambeaux et la meurtrissure qui le faisait boîter confir-
mèrent le mari et la femme dans leurs soupçons. Ils
eurent l'air très affairés afin d'éviter les questions de

Saïd. Mais celui-ci ne leur en fit point; il alla à l'étable, et voyant l'âne attaché à la crèche sans que sa charge fût auprès de lui, il se dit :

— On l'aura rencontré et débarrassé de son fardeau. Ah ! malheureux que je suis !

Il tomba évanoui sur la litière de l'étable. Ibrahim et sa femme travaillaient, jetant de côté un regard sur l'étable. Après un assez long temps, ils entrèrent, et trouvant Saïd évanoui, ils le portèrent dans la maison, l'étendirent sur une natte, et cherchèrent à le rappeler à la vie. Ils étaient ainsi occupés quand un habitant de la ville leur ramena, sur un âne, leur père, dont la figure était ensanglantée.

— Il aura rencontré les Arabes Bédouins, leur dit-il; après l'avoir dépouillé de ses habits, ils l'auront mis dans le triste état où vous le voyez. Je l'ai trouvé étendu sur le sable au-delà des terres cultivées.

Ibrahim et sa femme étendirent leur père sur la natte où Saïd était plongé dans un sommeil léthargique. A la vue de son fils, le potier se mit à trembler de tous ses membres; le sang sortait en abondance de la blessure qu'il avait à la tête, et qu'on avait bandée avec peu de soin.

Tandis qu'ils cherchaient à étancher le sang, un grand frémissement courut dans la maison; les portes se fermèrent seules et le génie de la pyramide apparut soudain. Ibrahim et sa femme en furent effrayés et se prosternèrent le front contre la terre.

— Relevez-vous et écoutez, leur dit le génie d'une voix grave.

Puis, étendant la main sur Saïd, il lui commanda de s'éveiller.

« Père et fils, dit-il d'un ton sévère, vous n'avez » pas été satisfaits de l'heureuse aisance que ma bonté » vous avait procurée. La cupidité vous a poussés à » venir enlever, dans le royaume de la mort, les

» trésors qui appartiennent aux morts. Des pensées
» impies et sanguinaires vous ont armés l'un contre
» l'autre. Le père a voulu détruire l'enfant formé de
» son sang, et le fils a levé une main parricide sur son
» père. Vous êtes condamnés à passer le reste de vos
» jours dans l'indigence et l'abjection, en punition de
» votre cupide avarice et de votre crime : levez-vous
» et commencez votre expiation. »

Les deux condamnés, comme mus par un même
ressort, se levèrent à l'instant; l'un sortit par la porte
qui ouvrait sur la rue, et l'autre par celle qui ouvrait
sur le jardin. Depuis, Ibrahim n'en eut point de nouvelles.

Le génie s'était évanoui, et les deux époux, frappés
de torpeur et d'effroi, regardaient encore le lieu où
cette scène venait de se passer; il était désert. Ibrahim
remarqua que l'excavation où il avait enfoui les
trésors était bouleversée; il n'y trouva plus que les
vêtements qui les enveloppaient. Ainsi fut punie la
soif de la richesse, qui avait poussé à la violation des
tombeaux, au parricide et à l'infanticide.

A l'instant où le narrateur achevait son récit, nous
fûmes prévenus qu'une troupe nombreuse de crocodiles, sortie des roseaux submergés, suivait notre embarcation qui flottait sur les eaux débordées; nous
courûmes sur le pont : je pus compter sept de ces
monstres qui nageaient dans les eaux de notre barque,
et plusieurs autres à droite et à gauche des bords.

— Prenons garde, dirent les mariniers; il est arrivé
quelquefois à des barques d'être assaillies par ces
animaux, mises en pièces, et tous les passagers ont
été dévorés.

— Banin, criai-je aussitôt, prenez le long fusil, et
apportez-le-moi. Il était chargé d'une grosse balle de
fer; je le déposai sur l'étambot, et ajustai le monstre
qui se trouvait le plus voisin de nous. Nous vîmes tous

une écaille sauter ; les mariniers prétendirent avoir remarqué les ricochets qu'elle fit à vingt pas en arrière.

— Décidément, ces messieurs ont une cuirasse à l'épreuve de la balle, dit Othon. Voyons si les flancs sont aussi invulnérables.

Le coup de sa carabine partit et entama les écailles et les chairs d'un des crocodiles qui nageait à côté de la barque, car le sang rougit aussitôt l'eau. Ces deux explosions suffirent pour mettre en déroute la troupe hideuse. Elle se glissa en aval, laissant un long sillon derrière elle.

Cette petite escarmouche nous avait fait perdre du temps ; quand nous cherchâmes les barques, qui nageaient en avant, la voile blanche de la dernière disparaissait derrière les rochers ; le fleuve faisait en cet endroit un coude fort large. Le vent nous arrivait de la rive droite, qui était fort basse et inondée en partie ; on fit force de rames pour gagner le coude, mais la nuit tomba tout-à-coup, et nous n'osâmes pas nous aventurer à travers les rochers à fleur d'eau, dont l'existence nous était indiquée par les bondissements du flot. Nous avions pu remarquer, sur la rive, un enfoncement entre des rochers, où les eaux paraissaient tranquilles ; on y conduisit la barque et l'ancrage se trouva bon. Dans les parcours où le fleuve est embarrassé de rochers ou de bancs de sable, la navigation ne se fait pas la nuit ; c'est un repos bien nécessaire aux mariniers épuisés de ramer toute la journée sous un soleil dévorant, dont les reflets, sur les vagues, fatiguent singulièrement la vue.

La nuit, comme toutes les nuits sous le climat de l'Egypte, avait un ciel d'une admirable limpidité : les étoiles brillaient de tout leur éclat, et laissaient tomber sur la terre une lueur scintillante qui y répandait un demi-jour. Notre barque se trouvait dans une petite anse, presque sous des rochers qui l'abritaient; la légère ondulation des flots lui imprimait un doux balancement qui invitait au sommeil; tout le monde s'était retiré sous le pont pour se reposer. Mon ami et moi, nous nous tenions à l'entrée de la cabine, et nous étions chargés de faire le premier quart de nuit. Othon fumait, étendu sur le plancher; il avait un goût prononcé pour cette posture, et moi, assis sur un baril, je promenais mes regards dans les profondeurs de ce ciel étoilé, et je me laissais aller à de vagues rêveries. Que font ces astres sans nombre, cette armée resplendissante des cieux? Sont-ils, comme le petit globe que nous habitons, couverts d'êtres appropriés à leur température? Mes yeux voient leurs demeures; mon esprit s'y transporte; mais l'organe matériel, la vue, me dit seule qu'ils existent; mon esprit ne peut que faire des suppositions, établir des analogies. Pourquoi est-il moins certain que mes yeux? Mes idées s'élevaient ainsi vers les cieux, cherchant, sur la terre du sphinx, à en découvrir les mystères. Tout-à-coup, deux ou trois roulements comme ceux d'un tonnerre lointain, adoucis par la distance, arrivèrent à mes oreilles. La pureté du ciel éloigna l'idée de l'orage, j'écoutai... Le même roulement éclata distinctement quatre fois.

Si nous étions à quelques lieues d'un champ de bataille, je croirais que ce sont des décharges de petites pièces d'artillerie. Au même instant ce bruit formidable retentit pour la sixième fois; nous nous regardâmes avec étonnement.

— Othon, lui dis-je, ce ne peut être que les rugissements d'un lion.

— Vous avez raison, me dit-il; il doit être à droite, là-bas où l'inondation ne s'est point encore étendue; éveillons Joussouf, il est familier aux bruits de ces contrées.

Au moment où Joussouf mettait le pied sur le pont, un roulement prolongé retentit.

— Ah! nous dit-il, le roi de la solitude est descendu dans la vallée. Demain nous pourrions faire une belle chasse : il suit sans doute des troupes fugitives d'antilopes !

— Ne voudriez-vous chasser que les antilopes? lui demandai-je.

— S'il plaît à vos seigneuries de faire une plus noble chasse, je suis à vos ordres, me répondit Joussouf.

— Mais le lion sera peut-être bien loin, Joussouf?

— Ils descendent rarement vers la Basse-Egypte, répondit-il ; nous pourrons le suivre en remontant la vallée; la barque continuera sa route et nous attendra au premier village.

— Enfin, dit Othon, nous allons suspendre cette vie monotone et nous lancer dans la vie du chasseur !

— Dites-moi, Joussouf, combien devons-nous emmener d'hommes avec nous?

— Vos deux serviteurs d'abord ; je crois que ce sont des hommes solides ; et ceux de sa seigneurie, il parlait à Othon, se comporteront bien ; et deux mariniers que je vous désignerai.

— Vous croyez donc le lion bien dangereux, Joussouf?

— Pour des chasseurs intrépides, sûrs de leurs coups, il l'est ; mais pour des chasseurs qui n'ont pas ces qualités, il l'est tellement que je ne leur conseillerai jamais de l'attaquer.

Dès qu'il fit jour, nous descendîmes à terre au nombre de neuf chasseurs; outre leurs carabines, mes deux serviteurs et ceux d'Othon prirent chacun un trident. Mes deux chiens me suivirent.

— Magnifiques bêtes, dit Joussouf; mais s'ils savaient l'animal que nous allons chasser, ils ne feraient pas ces bonds de joie en touchant la terre.

Cependant leur terreur nous sera utile; elle nous révélera le voisinage du lion.

A une faible distance des lieux inondés, sur une élévation, se montraient les huttes de boue d'un village de fellahs. Notre approche parut les inquiéter; l'habit de soldat égyptien qui couvrait Joussouf leur fit redouter une visite peu désirable; celui-ci alla les rassurer. Alors ils poussèrent des cris de joie : le lion, depuis plusieurs jours, les remplissait d'épouvante; et ils n'avaient osé ni faire sortir leurs troupeaux, ni s'éloigner du village. Cinq des plus hardis d'entre eux se joignirent à nous, et nous guidèrent vers un amas de rochers où ils supposaient que le lion se retirait durant le jour.

Le village, comme je l'ai dit, était situé sur une élévation, les terres cultivables se trouvaient en partie déjà couvertes d'eau; une bande de terre, parsemée de rochers, allait se terminer à des amas de rochers qui dominaient le pays. Ce fut vers ce point que les fellahs nous dirigèrent; au-delà, vers la gauche, s'étendait une plaine aride, couverte d'un sable rougeâtre et bornée à l'horizon par des montagnes qui me parurent bleuâtres. Joussouf y arrêta longtemps ses regards, puis il nous montra du doigt un point sombre et se mouvant rapidement vers le village.

— Des antilopes, dit-il; le lion les chasse probablement, ne lâchez pas encore les chiens.

Plusieurs instants s'écoulèrent, et nous commencions à distinguer les formes des gazelles, elles arrivaient sur nous en ligne droite; le vent soufflait en arrière

— Couchez-vous, dit Joussouf, laissons-les approcher.

Elles arrivaient; les chiens, que le fumet apporté par le vent excitait, commencèrent à s'agiter. Enfin, je me levai sur les genoux, la gazelle la plus en avant me parut à la portée de la balle : avant que j'eusse

pris ma position verticale, elle s'était déjà beaucoup
rapprochée. Je visai et la gazelle fit deux ou trois
bonds en avant, puis s'abattit, en s'agitant encore ;
deux fellahs s'élancèrent, la chargèrent sur leurs
épaules et nous la rapportèrent encore palpitante. Ma
balle l'avait atteinte à la tête; tous me regardèrent
avec étonnement; Joussouf me dit :

— Si votre seigneurie a le coup d'œil aussi juste,
autant de sang-froid en tirant sur le lion, notre chasse
n'offrira pas grand danger.

Un second coup de feu éclata : Othon venait de tirer
une autre gazelle; aussi heureux que moi, il l'abattit,
quoiqu'elle se trouvât à une plus longue distance.
Mon serviteur Pierre baissait déjà le canon de sa
carabine pour tirer sur trois autres gazelles que la
seconde explosion venait de faire dévier.

— Ne tirez pas, lui dis-je, elles sont hors de
portée; ne compromettez point la réputation des
blancs.

Je rechargeai mon arme, en lui donnant cet ordre,
et les fellahs couraient déjà dans le sable pour enlever
l'animal abattu. Tout-à-coup un formidable rugissement retentit au loin; il me passa un frisson sur le
corps, je vis mes chiens hérisser leur poil, montrer
leurs dents, mais ils tremblaient.

— Attention, cria Joussouf, il arrive sur nous;
serrons les rangs.

Les fellahs, qui revenaient chargés de la gazelle,
jetèrent leur fardeau à moitié distance et accoururent
se réfugier auprès de nous.

Nous étions quatorze chasseurs, je plaçai les fellahs
au centre, et les armai des tridents; Othon, Joussouf.
Pierre et moi formâmes la première ligne. Les pointes
des tridents passaient entre nous un peu inclinées en
avant. Malgré leur courage, mes chiens se mirent à
l'arrière-garde, grondant sourdement. Le lion arrivait,

il nous avait découverts; il avançait en faisant des bonds prodigieux, qu'il répétait, à peine avait-il touché le sable. Tout-à-coup il s'arrête, se dresse, la tête haute, la crinière hérissée, il la tourne vers la droite, il a senti la gazelle. Il hésite un instant; l'instinct l'avertit que de notre côté il y avait un danger; lançant vers nous un regard superbe, il le plongea dans nos rangs; puis, tout-à-coup, il se courba sur ses jarrets, et prit l'attitude que l'on voit aux lions de pierre, dans les ruines des monuments égyptiens.

— Il réfléchit, dit Joussouf, tant pis.

Nous passâmes ainsi plus de deux minutes, les regards flamboyants du lion fixés sur nous, et de notre côté attentifs à ses mouvements; sa large tête s'étalait devant moi, à une faible portée de fusil, je ne pus y résister. Ma carabine se baissa, je visai entre ces yeux flamboyants. La même pensée saisit Othon, et nos deux explosions éclatèrent presque en même temps. Le lion bondit en haut, retomba sur ses larges pattes, fouetta ses flancs de sa longue queue, puis tournant sur lui-même, comme un homme ivre qui cherche son équilibre, il poussa un rugissement rauque, tomba, se releva, fit un faible bond en avant et retomba.

— Il est frappé à mort, dit Joussouf, mais il n'est pas mort : ses derniers instants sont terribles.

Les fellahs poussèrent un cri sauvage; ils avaient vu une lionne accourir à bonds effrayants.

— Chargez vos armes, chargez vite, nous dit Joussouf. Nous allons avoir une fameuse lutte à soutenir.

Déjà elle était près du lion; elle le tourna avec sa patte, le flaira, puis se lança vers nous comme un trait : mon fusil n'était pas encore chargé; je saisis celui de mon autre serviteur, et lorsque je me tournais, une masse fauve passait au-dessus de ma tête et j'entendis les éclats des tridents dont les hampes se brisaient, et nous fûmes culbutés les uns sur les autres. Pierre Benin montra un admirable sang-froid : l'animal tenait un fellah dans sa gueule, entre ses pattes. Il appuya le canon de sa carabine derrière l'oreille de la lionne et la tua raide.

Trois des nôtres, dont deux fellahs, avaient reçu des blessures ; celui qui avait été saisi par la gueule et les pattes de l'animal fut miraculeusement préservé par la toile d'une de mes tentes qu'il portait autour du cou, les plis flottants sur la poitrine. Après une pareille lutte, le sang court vite dans les veines, je vous l'assure, les battements du cœur sont violents ; cependant mon ami Othon prit sa pipe, battit le briquet, l'alluma, et s'asseyant à terre, il nous dit froidement :

— Il fait bien chaud, je me sens fatigué. Il n'en était pas ainsi des pauvres fellahs, leur visage couleur de cendre, leurs yeux égarés révélaient leurs terreurs ; celui que la lionne avait saisi éprouvait de violentes convulsions. Nous ne songions plus au lion.

— Voyez, nous dit Joussouf, le lion n'est pas mort, il essaie de se dresser sur les pattes.

Effectivement, je vis sa tête sanglante se soulever au-dessus du sable, puis s'affaisser sur ses pattes de devant. Nous nous en approchâmes, sans nous mettre à portée de ses dernières convulsions.

— Laissons-le expirer, dis-je, ce serait dommage de gâter une si belle peau. Une de nos balles était entrée par l'œil gauche, d'où le sang s'écoulait à bouillons, l'autre avait brisé la mâchoire inférieure, dont une partie pendait. Les deux coups avaient porté en même temps.

Un fellah courut chercher deux ânes au village, et à la scène terrible en succéda une assez plaisante. Les deux baudets furent conduits sans difficulté jusqu'à

trente pas de notre troupe, mais alors ni les coups ni
les efforts des conducteurs ne purent les faire avancer. Ils se mirent à se regimber, à ruer et enfin à faire
entendre la voix mélodieuse que tout le monde leur
connaît.

— Arrêtez-les, cria Joussouf, couvrez-leur la tête
et tenez-les fermes.

Aussitôt on transporta d'abord la lionne, que l'on
mit en travers sur un des baudets : ses ruades, ses
efforts devinrent si violents qu'il jeta son fardeau à
terre, renversa les fellahs, et galopa à travers la
plaine, les yeux encore couverts du bandeau.

L'autre baudet, soit qu'il y ait un langage entre les
ânes, soit que l'odeur l'eût aussi effarouché, joua si
bien des dents, des pieds et de toute sa force, qu'il
parvint à se dégager, et prit aussi la clef des champs.
Cette scène nous égaya; on prit le parti d'écorcher les
deux bêtes féroces sur place et d'abandonner leurs
chairs aux hyènes, qui se repaissent de tout.

. Nous allâmes passer la nuit au village, où les deux
gazelles nous fournirent un bon repas. Il est impossible de se faire une idée de la condescendance et des
humiliations auxquelles les fellahs s'abaissèrent devant
nous. Othon et moi fûmes regardés comme des hommes supérieurs à l'humanité; mon serviteur Pierre eut
aussi sa bonne part de respects, et en vérité il les avait
mieux mérités que nous, qui n'avions fait preuve que
d'adresse et de sang-froid.

Nous quittâmes ces malheureux fellahs en leur laissant quelques marques de notre libéralité : je suis convaincu qu'ils ne nous ont pas oubliés.

De retour à la barque, nous doublâmes le petit Cap,
et découvrîmes devant nous une longue étendue du
fleuve, mais aucune voile. Ce ne fut que le lendemain
que nous eûmes des nouvelles des trois barques.
L'officier qui les commandait nous faisait savoir qu'il

n'avait pu retarder sa marche et qu'il laisserait à la première relâche les renseignements nécessaires pour notre route.

Notre premier exploit de chasseur nous avait mis en goût Othon et moi ; au lieu de remonter le fleuve, nous allâmes prendre terre à une demi-journée au-delà du Cap. Cette vie monotone nous fatiguait, la vue des mêmes sites, des mêmes eaux, quels que fussent les souvenirs qu'ils éveillaient, avait fini par nous causer de l'ennui ; d'ailleurs nous n'avions d'autre but que la chasse. La rive droite, plus accidentée, où nous découvrions moins de villages, nous parut favorable à la chasse ; de leur côté, nos bateliers, qui étaient payés au mois, s'accommodaient fort bien des jours de relâche qui leur permettaient de dormir ou de pêcher en notre absence.

CHAPITRE V.

Seconde descente à terre. — Les hyènes. — Aspect du pays. — Retour à la barque. — Arrivée à un village. — Achat d'un esclave nubien. — Marché avec le réis. — Continuation de la navigation. — Un hippopotame. — Arrivée à Khartoum. — Aspect de la ville. — Son importance commerciale. — Le pacha. — Sa générosité. — Les préparatifs achevés. — Commencement de la chasse.

Le matin de notre seconde excursion de chasse, nous recommandâmes aux matelots de remonter lentement le fleuve, et de nous attendre au village de Darmout, si nous ne l'avions pas dépassé. Notre troupe se composait de dix hommes, et de mes deux chiens.

Depuis la mort de mes parents, il m'était resté au cœur une vague tristesse, un dégoût pour toutes les choses de la vie, que je ne pouvais pas toujours écarter. La vue de la terre d'Egypte l'avait un peu effacé; mais je n'étais point assez savant pour m'intéresser à ce pays des ruines et des grands souvenirs : sa monotonie avait fini par m'engourdir; mon ami Othon passait tout son temps à prendre des notes, à interroger Joussouf et les bateliers. La lenteur de la navigation, le spectacle de berges plates, de villages de boue, de quelques palmiers ou sycomores; des horizons vagues, nagés dans des vapeurs bleues, n'étaient guère propres à secouer mon apathie. Notre exploit contre les lions m'avait tout-à-coup ranimé, il me fallait ces fortes émotions pour me rendre à moi-même; la nouvelle vie que je ressentais me donnait une ardeur toute juvénile : ce fut donc avec bonheur et joie que je sautai sur la rive. Othon aussi, tout flegmatique qu'il s'était montré après notre victoire, partagea mon entraînement : après avoir sifflé, caressé les chiens, il se mit à chanter une chanson allemande sur un air mâle et grave.

— L'air me plaît, lui dis-je, mais je ne comprends point les paroles.

— C'est un vieux chant de chasseurs, me répondit-il, très monotone, et qui n'a pour moi de charme que par les souvenirs et sa mâle mélodie; il y a des siècles qu'on le chantait aux chasses de la Forêt-Noire. Il n'a aucun rapport avec ces déserts dépouillés d'arbres, rôtis par le soleil, et n'offrant, au lieu de verdure humide des rosées de la nuit, qu'un sable aride, brûlant, et qui crie sous nos pas.

— C'est ce qu'il nous faut, ami : la nature sauvage, les lions, les panthères et les autres bêtes féroces, premiers ennemis de la race humaine ; je me réjouis d'aller livrer des luttes comme les hommes des premiers âges. Nous avons déjà fait un exploit digne d'Hercule, avec des armes offensives plus redoutables que sa massue, il est vrai, mais nous ne sommes pas les fils de Jupiter et de Sémélé ; c'est bien beau pour nous ce que nous avons fait.

Othon était vraiment ce jour-là de joyeuse humeur, et la froideur germanique se trouvait réchauffée par les ardeurs du soleil éthiopien. Le sol s'élevait peu accidenté : çà et là, de petits bouquets d'arbres, de rares buissons ; un sol rougeâtre, et, au-delà, une étendue de sables arides. Joussouf nous fit suivre l'extrémité de la berge du fleuve ; nous avions ainsi la vue du creux de la vallée et de la surface de la plaine. Nos chiens se mirent en chasse, fouillant les rares buissons, humant l'air chaud de la plaine ; tout-à-coup ils s'élancèrent, en poussant un aboiement de colère.

— Ce n'est pas un lion, nous dit Joussouf ; vous avez vu hier comme ils tremblaient en son voisinage. Ce sera quelque misérable chacal, ou toute autre bête de cette espèce, suivons-les.

Les chiens avaient pris leur direction vers le fleuve, où s'élevaient des arbres assez nombreux et des buissons fort épais. Quelque temps nous entendîmes leurs aboiements qui semblaient s'éloigner ; nous avancions sans aucune inquiétude, même un peu éparpillés, pour embrasser un espace plus large.

— Oh ! oh ! nous dit Joussouf, les chiens se rapprochent, ils ne trouvent pas la partie égale !

Nous nous réunîmes, et avançâmes rapidement : mes chiens, placés sur une élevation, les poils hérissés, faisaient face à un ennemi que nous ne pouvions encore reconnaître,

Dès qu'ils se sentirent appuyés, ils redoublèrent leurs cris, se lancèrent en avant, mais ils revenaient aussitôt sur l'éminence.

— Par le Prophète, dit Joussouf, je ne devine pas la nature du gibier. Rapprochons-nous.

Déjà je me trouvais près de mes chiens, lorsque j'aperçus sur la pente cinq animaux plus longs que mes chiens, mais plus bas sur leurs jambes; leur couleur était rouge fauve; ils portaient la tête basse et leurs poils étaient hérissés. J'allais tirer mon coup de carabine sur le plus avancé, lorsque mes compagnons arrivèrent auprès de moi; à notre vue les bêtes féroces prirent la fuite. C'étaient des hyènes, animaux aussi lâches que féroces : nos carabines retentirent, trois furent atteintes.

— Ne courez pas, ne courez pas, nous cria Joussouf; cet animal blessé est dangereux, rappelez vos chiens.

Ce fut inutile, ils s'étaient lancés après les hyènes, mais ils se tinrent à distance; il y a donc chez le chien un instinct supérieur à l'intelligence de l'homme : il est bien certain que mes chiens n'avaient jamais chassé une pareille bête, cependant ils devinaient qu'elle était dangereuse quand elle se trouvait blessée. Nous les achevâmes à coups de trident; c'est un animal d'un extérieur hideux et féroce. Nos deux mariniers en enlevèrent les peaux.

— Jamais, nous dit Joussouf, on ne voit cinq hyènes en compagnie, s'il n'y a pas dans le voisinage quelque cadavre à dépecer.

Il ne se trompait pas : à une assez grande distance, au bas de la berge, se trouvait la carcasse d'un crocodile à demi rongée. Bien certainement il avait péri par accident, car ce ne sont pas des hyènes qui oseront attaquer un animal aussi redoutable que le crocodile.

La chasse nous ramena vers les hautes terres; des

gazelles filaient au loin, bien loin, hors la portée de la
balle; mes chasseurs tuèrent en revanche plusieurs
lièvres, du moins ces animaux me parurent appartenir
à la famille des lièvres; bon nombre d'oiseaux, dont
plusieurs tourterelles. Nous eûmes des provisions
pour le soir. Excédés de chaleur plus que de fatigue,
nous allâmes dresser nos tentes sous trois palmiers
qui s'élevaient solitaires à la lisière du désert.

Tandis que nos gens dressaient les tentes, préparaient le foyer, je m'étais avancé avec Othon sur les
sables brûlants, et nos yeux se promenaient sur la
vaste étendue qui eût été rase, sans quelques chétifs
arbrisseaux qui se montraient çà et là desséchés, et
quelques arbres que je pris pour des dattiers.

— Ces contrées sauvages et désertes ont eu leurs
iours de prospérité, me dit Othon; je crois que nous
avons un pied dans la Nubie. Les voyageurs y ont
rencontré des ruines qui attestent une antique civilisation. Le despotisme turc est comme le kamsin, il
brûle tout sur son passage.

— Croyez-vous, mon ami, que ces sables aient
jamais été cultivés?

— Voyez l'Egypte, me répondit-il; combien de terrain les sables n'ont-ils pas envahi depuis que l'in-
dustrie de l'homme ne lutte plus contre leur invasion.
Partout où l'homme recule, la stérilité avance; il n'y
a pas un pouce de terre, sauf la Roche-Nue, qui ne
puisse être acquis à la culture : lisez ce que les voyageurs nous rapportent de la Chine.

Un jour viendra où l'espèce humaine, plus unie,
mieux civilisée, s'emparera de toute la surface de la
terre et tirera de son sein des productions qui dépas-
seront ses besoins, quoiqu'ils soient décuplés. Dieu a
livré la terre et ses produits à la race intelligente qui
asservira ou détruira toutes les autres races. Il continua en s'animant : je savais qu'il appartenait à la

secte des illuminés allemands, je le laissai soulever
tout à son aise le voile qui couvre l'avenir, et me mis
à rêver. Depuis combien de mois avais-je quitté ma
patrie? que de choses avaient déjà passé sous mes
yeux, éveillé des idées étranges. Ici, me disais-je, le
ciel, la terre, les eaux me disent : Tu n'es pas l'être ap-
proprié à ce climat. Pourquoi cependant tant d'attraits
m'y retiennent-ils? Les contrastes, les émotions nouvelles, la répétition des mêmes objets amène la
monotonie et l'ennui. C'est ce besoin de contraste qui
pousse tant d'hommes hors de leur terre natale, et les
fait voyager dans toutes les parties de la terre.

Le soleil touchait à l'horizon où il allait disparaître
sans crépuscule : nous revînmes vers nos tentes,
devant lesquelles s'élevait une petite colonne de fumée.
Le repas du soir s'apprêtait; les réflexions ne nous
ayant point ôté l'appétit, nous vînmes nous asseoir au
festin du chasseur, que la clarté du ciel allait seule
éclairer.

Le repas dont nous prenions part avait été préparé
sans les ressources culinaires des nations sédentaires.
Nos gens faisaient griller les chairs sur les charbons,
ou suspendues au bout d'un trident ou d'une baïonnette; de petites marmites en fer battu bouillaient,
soutenues par deux pierres. C'était ainsi que nous
faisions cuire le riz. Chacun de nous avait un petit
plateau de fer blanc, une cuiller en fer pour manger
le riz déposé sur le plateau, ainsi que les chairs
grillées. La terre nous servait de siége et des outres
pleines d'eau nous fournissaient notre boisson. Les
patriarches, s'ils connaissaient l'usage du riz, durent
faire des repas semblables, et certes, ces repas ont un
charme que je n'ai jamais retrouvé dans les festins de
la civilisation.

Avant de me retirer sous notre tente, je m'étendis
sur le dos et contemplai la magnificence du ciel; l'air

était si limpide, si transparent, que la lumière des
étoiles nous arrivait dans tout l'éclat qu'elle peut conserver à une si prodigieuse distance. Le scintillement
de la constellation de la Croix du Sud dépassait celui
des autres étoiles : mes regards ne pouvaient s'en
détacher, et des pensées vagues d'abord, puis plus
nettes, m'assaillirent en foule. Quel est, me dis-je, la
mission de ces milliards de corps lumineux que je
découvre dans les profondeurs du ciel? à quoi serviraient leur lumière, leurs révolutions régulières, s'ils
n'étaient pas habités par des êtres pouvant admirer les
merveilles du créateur! Par-delà les espaces où mes
regards peuvent s'enfoncer, d'autres étoiles brillent,
exécutent leurs révolutions dans des orbites qu'elles
ne franchissent jamais; l'harmonie de l'univers me
prouve une seule puissance régulatrice, et cette puissance est Dieu. Je fermai les yeux ; mes idées
m'écrasaient en me faisant sentir mon néant.

Je m'endormis si profondément que mes serviteurs
purent me transporter dans ma tente sans m'éveiller;
en ouvrant les yeux le matin, au lieu du pavillon
splendide du ciel, sous lequel j'avais fermé les yeux,
je les ouvris pour voir la toile blanche qui s'élevait à
quelques pieds au-dessus de ma tête.

Je me hâtai de secouer la torpeur que laisse le sommeil, et j'allai respirer l'air frais du matin. Le soleil
était aux bords de l'horizon, cependant sa clarté était
si vive que j'en fus ébloui : son disque, à travers une
couche transparente d'un bleu vraiment céleste, mon-
tait au-dessus des vapeurs de la terre en épandant des
torrents de lumière. Il me sembla que tout frémissait
autour de moi, que la solitude s'animait et que la vie
tombait à flots sur la terre. Dans nos froides contrées,
nous ne pouvons nous faire une idée d'un lever du
soleil. Ses rayons m'arrivaient à travers les espaces
animés par des millions de millions d'êtres, et cepen-

dant il paraissait ne se lever que pour nous. Ce fut la
première fois que je jouis amplement du réveil de la
nature; cependant, autour de moi, tout annonçait la
misère; un pauvre village avait ses maisons de roseaux
et de boue éparpillées sur un mamelon que les eaux
débordées enserraient presque de tous côtés : la vallée
du Nil, noyée dans les vapeurs du matin, offrait
l'aspect d'une suite de nuages légers et transparents ;
des autres côtés, quelques bouquets d'arbres et le
silence de la solitude.

Je me recueillis, et ne pus être distrait de mes
réflexions que par le mouvement que faisaient nos
gens pour plier les tentes et par les aboiements joyeux
de mes chiens.

Décidément nous avions abordé dans une contrée
trop aride pour avoir du gibier, surtout celui que nous
cherchions; nous descendîmes la pente de la vallée,
côtoyant les terres submergées et cherchant à nous
rapprocher du véritable rivage pour avoir des nouvelles de notre barque.

Un assez grand nombre d'embarcations avaient descendu le fleuve; une seule l'avait lentement remonté
la veille. C'était notre barque; il nous fallut, en chas-
sant un gibier qui n'offrait aucune résistance, remonter, en suivant mille circuits, jusqu'au village de
Darmont. Nous y trouvâmes notre barque et nos
mariniers qui dansaient aux sons criards du darabouck.
Ces pauvres gens étaient heureux, la nourriture et la
paie leur étaient assurées; ils ne voulaient que cela,
et chantaient et dansaient en nous attendant.

Les barques égyptiennes qui nous avaient devancés
avaient confié au cheick nos montures et nos bagages,
alléguant pour motif que la nourriture leur manquait.

Un réis, ou patron de barque, s'engagea, moyen-
nant une assez faible rétribution, à nous conduire à
Karthoum, à la jonction du Nil Bleu et du Nil Blanc. Il

devait nous fournir une grande cauge, pour nos montures et nos bagages, et le nombre de rameurs suffisant pour remonter le fleuve, alors fort gros et presque dans sa crue complète. Il y avait sur la rive deux embarcations chargées d'esclaves nubiens; elles faisaient relâche pour s'approvisionner de doura, de lentilles et d'autres provisions. Ces marchands d'esclaves ont un soin particulier de leur marchandise; ils veulent qu'elle arrive au Caire en bon état : aussi la nourrissent-ils bien, lui procurent-ils tous les jours des amusements tels que chants et danses au son du darabouck.

Tandis que mon ami Othon, beaucoup plus positif que moi, réglait nos conventions avec le réis et achetait nos provisions de voyage, j'allai à bord d'une des embarcations des marchands d'esclaves. Un jeune Nubien attira mon attention par sa tournure et l'empressement qu'il mettait à obéir aux ordres qu'il recevait; j'en eus envie, et je l'achetai pour la somme de cinq cents francs.

Ce pauvre garçon ne savait s'il devait se réjouir de changer sitôt de maître : mais lorsqu'il eut appris que nous remontions le Nil, et que nous avions l'intention de pénétrer en Nubie, sa joie fut immodérée. Il se roulait sur le pont, chantait, pleurait, se tordait les mains; quand nous quittâmes l'embarcation, il bondit sur la rive et se mit à fuir avec une étonnante rapidité; mais il m'attendait à distance, il m'embrassa les mains et fit ce qu'un chien fait à un maître chéri. L'esclavage tue le caractère de l'homme.

Notre voyage se fit avec d'autant plus de célérité que le réis avait le plus grand intérêt de le terminer promptement, puisque nous le payions pour le transport jusqu'à Karthoum, sans spécifier le nombre des jours.

Je n'ai rien à dire du Nil supérieur jusqu'à la jonc-

tion des deux rivières qui le forment : nous eûmes
sous les yeux à peu près toujours le même spectacle,
les mêmes hameaux de boue, entourés de petits bouquets d'arbres, et les crocodiles qui se montraient en
plus grand nombre. Nous n'y faisions plus attention.

Le réis, Arabe Ababdeh, était un homme de belle
taille, maigre et musculeux ; son teint, presque noir,
n'empêchait pas de le distinguer des nègres, au premier coup d'œil. Sa face présentait un ovale parfait, et
sous un front large brillaient deux yeux pleins d'intelligence et de résolution ; son nez, un peu recourbé,
donnait à son visage un aspect hardi, mais les dents
longues et pointues rappelaient celles des carnassiers.
Nos deux embarcations, que vingt vigoureux rameurs
poussaient en avant, nageaient vite, à la suite l'une de
l'autre. Grand nombre de barques passèrent auprès de
nous : elles étaient chargées de dents d'hippopotame,
d'éléphant, de poudre d'or et de denrées de la Nubie
et de l'Abyssinie, transportées à Karthoum sur les deux
affluents du Nil.

Nous pûmes remarquer la gaîté de tous ces mariniers, mais nous ne pouvions juger le plus ou moins
de piquant des bons mots qu'ils nous lançaient en passant dans notre voisinage, et auxquels les gens de nos
barques répondaient avec autant de jovialité.

Nous ne nous trouvions plus qu'à une journée de
Karthoum, le fleuve se développait dans une immense
étendue sur des terres fort basses, lorsqu'il faillit nous
arriver un accident, fort ordinaire nous dit le réis.
Notre barque, beaucoup plus petite et moins chargée
que la cauge qui marchait en avant, fut tout-à-coup
soulevée à l'avant, puis glissa sur la gauche, et reprit
aussitôt son aplomb : mais les hommes qui se trouvaient sur le pont furent renversés, et dans notre
cabine, Othon et moi fûmes roulés sur le plancher. Je

montai sur le pont pour connaître la cause de cet accident. Un marinier me montra le fleuve.

Une tête énorme, hideuse, les oreilles courtes et dressées, les yeux gros et féroces, se montrait au-dessus de l'eau ; et derrière, un corps beaucoup plus gros que celui du plus fort éléphant s'allongeait noir et luisant à la surface jaune du fleuve. Le marinier prononça un mot que je ne compris point. Cette mons-trueuse bête était un hippopotame qui avait passé sous l'avant de notre barque et l'avait soulevée.

Certes, le crocodile est un monstre hideux, d'un aspect vraiment formidable, mais il s'en faut de beau-coup qu'il ait un aspect aussi terrible, aussi effrayant, aussi hideux que l'hippopotame. Cependant ce monstre, tout aussi invulnérable que le crocodile, c'est ce que nous assura le réis, est d'une grande timidité ; le moindre bruit suffit pour l'écarter ; probablement qu'il était endormi, à fleur d'eau, quand notre barque l'avait heurté.

Il nagea à trente pas de nous, après avoir plongé ; j'aurais bien voulu lui envoyer une balle de fer et savoir, par expérience, si la peau était impénétrable, ainsi que nous le disait le réis. Je crois que le fin patron ne voulait pas se voir retardé par cette chasse, et que c'est pour cela qu'il nous la représentait comme inutile. J'eus plus tard l'occasion de me convaincre du contraire : la balle traverse cette peau épaisse. Cet accident nous était arrivé au lever du soleil, et n'eut d'autres résultats que ceux que j'ai mentionnés ci-dessus.

L'aspect du pays changeait, nous nagions hors du courant, aussi rapprochés que possible de la rive, nous pouvions découvrir les contrées. Les berges du fleuve, plus élevées, se couronnaient de plus en plus d'arbres et de buissons. Le rocher avait une couleur sombre, veinée de rouge et de jaune, et les villages devenaient plus nombreux; mais c'étaient toujours des huttes de boue, entassées çà et là sans alignement, et présentant un aspect sale et misérable.

Les barques de toutes les dimensions commencèrent à nous apparaître en plus grand nombre; le fleuve, plus large, roulait ses eaux avec plus de violence, et dans le lointain on découvrait des sommets de verdure; avec ma lunette je distinguai un amas confus de maisons, d'arbres, et enfin deux bâtiments plus étendus que les autres. La solitude était derrière nous, la civilisation nubienne devant nous; nous approchions de Karthoum, ville située sur le fleuve Bleu, Bar-el-Azrack, à son confluent avec le fleuve Blanc, Bar-el-Abiad : on en évalue la population à 35,000 âmes. Sa position, au confluent de deux grands cours d'eau qui remontent dans les profondeurs du pays à des distances peu connues, en fait le centre du commerce de la Nubie, du Soudan et des contrées environnantes. Là arrivent les dents d'éléphants, les cornes de rhinocéros, les dents d'hippopotames, la poudre d'or, les gommes, les plumes d'autruches et les esclaves de l'intérieur. A la saison des grandes eaux, le grand Nil emporte toutes ces richesses au Caire, d'où elles se rendent, par la Méditerranée, dans toutes les contrées de l'Europe, qui leur envoie en échange les produits de ses arts, de ses manufactures, et jusqu'à ses vins, que les Turcs, tout vrais croyants qu'ils se proclament, boivent au mépris des prescriptions du Coran. Sa population est très mélangée, les caravanes y amènent des habitants de toutes les contrées de l'Afrique : ainsi, on voit dans les rues, poudreuses lors de la saison sèche, et boueuses lors de l'inondation, soit le grave Turc, largement drapé, au vaste turban, à côté de l'Arabe svelte et sec portant les vêtements des nomades du désert; le Nègre indigène, dont les formes vigoureuses sont à peine couvertes; le Juif, que l'on

Les chasseurs en Nubie. 5

retrouve partout où il y a du commerce à faire; le Copte épais, peut-être aussi subtil et aussi cupide commerçant que le Juif; le marchand grec au costume pittoresque, à l'allure éveillée et à la face ovale. La ville, sans fortifications, sans autre édifice un peu passable que la demeure du pacha et la prison, tous deux sur la même ligne, le long du fleuve Bleu; la puissance et la compression, disons mieux l'oppression, là s'étalant côte à côte sur la même ligne. Voilà les deux seuls édifices de la ville, aujourd'hui la plus importante et la plus commerçante de la Nubie égyptienne.

Khartoum occupe une grande étendue; ses maisons séparées par des jardins couverts d'arbres, lui donnent un aspect délicieux; dans cette contrée brûlante, l'ombrage est un bien précieux.

Grâce aux lettres de recommandation de Linant-Bey, qui furent remises au pacha, un local aussi convenable qu'on pouvait en trouver à Khartoum nous fut assigné; le pacha eut même l'obligeante générosité de nous envoyer des rafraîchissements, des fruits, des pâtisseries et plusieurs amphores de vin de Chio; ce fut ce qui nous fit le plus de plaisir. Il connaissait nos projets de chasse et prit ses mesures pour que nous trouvassions accueil et appui partout où s'étendait son autorité.

Joussouf, qui connaissait ces contrées, nous conseilla d'étendre notre chasse dans le pays renfermé entre le fleuve Bleu et le fleuve Blanc. Le gibier, surtout les éléphants, les rhinocéros, les gazelles, les lièvres, y abondent à cause de la verdure et des épaisses forêts qui le couvrent; pour surcroît d'émotions de chasseurs, nous y trouverions le lion et le tigre, la panthère et l'hyène féroce et hideux.

Il fallut compléter nos préparatifs; le cheval arabe dont Linant-Bey m'avait fait présent attira l'attention du pacha : je le lui offris. Le lendemain, nous reçûmes en échange deux chevaux aussi vifs que vigoureux, accoutumé aux grandes chasses, et un dromadaire fort leste, dont Joussouf apprécia bien les qualités. Nous vendîmes avantageusement nos ânes d'Egypte à un Copte, qui me parut un religieux, et, après avoir visité nos munitions de chasse, renouvelé nos provisions de poudre, nous nous mîmes en route, un lundi matin, selon notre calendrier. Notre troupe s'élevait à quinze hommes. Deux chameaux portaient nos tentes et nos provisions de bouche, et nous avions fait l'acquisition de quatre autres chevaux pour soulager nos gens et porter le pesant bagage que nous avions amassé par prévision des jours de disette. Joussouf, en furetant chez un Juif, y avait découvert deux petites cottes de mailles qui avaient, disait-il, appartenu à des Mameloucks; il nous les acheta, elles étaient légères et souples; nous les mîmes sous nos habits, Othon et moi. Enfin nous allions donc entrer en chasse, jouissance que nous venions chercher de si loin.

CHAPITRE VI.

Contrée de chasse. — La troupe de chasseurs. — Village nubien. — Bon accueil. — Marche en avant. — Les trois sangliers. — Danger de l'auteur. — Réflexions d'Othon. Campement. — La nuit. — Réveil importun. — Les rumeurs lointaines. — Village en émoi. — Une troupe d'éléphants. — Préparatifs des nègres. — Attaque terminée par un coup de fusil. — Eléphant tué. — Souper homérique. — Chœur infernal nocturne. — Ils se mettent à la poursuite des éléphants.

La contrée dans laquelle allaient s'étendre nos chasses était située entre les cours du fleuve Bleu et du

fleuve Blanc; nous résolûmes de nous tenir à quelque
distance du fleuve Blanc, cette partie étant la moins
fréquentée et signalée comme repaire de toutes les
bêtes féroces. A l'époque où nous commencions nos
expéditions, la crue des eaux du Nil et l'humidité qui
s'infiltrait dans les terres donnaient à la végétation
une vigueur et une activité extraordinaires. Les
arbres, couverts de feuilles luxuriantes, conservaient,
durant le jour, une partie de l'humidité de la nuit :
les herbes, les plantes, les arbrisseaux prenaient un
développement prodigieux, sous l'ardeur verticale du
soleil, et offraient une pâture aussi tendre qu'abondante aux buffles noirs armés de cornes énormes, aux
gazelles, et à d'autres espèces d'antilopes, et surtout aux
éléphants, si avides des feuillages frais et des cannes à
sucre qui croissent sans culture sur la berge du
fleuve. Ces proies, offertes aux bêtes féroces, les ras-
semblaient des lieux éloignés, et assuraient un assou-
vissement à leurs besoins carnassiers.

Nous nous avançâmes assez rapidement la première
journée : la contrée était très peuplée, et les villages à
une faible distance les uns des autres ; c'était toujours
le même genre d'habitation, des toits cylindriques,
des murs composés de limon et de roseaux. Cette
population, un peu mélangée de nègres et d'Arabes,
offrait des hommes de haute taille, vigoureux, bien
faits, ayant le type nègre moins prononcé que chez le
Nubien ou l'Abyssin de pure race; ils se livrent à la
culture. Nous vîmes de grandes étendues de terrain
couvertes de moissons, surtout de doura; ils connais-
sent l'art des irrigations.

Les éléphants causent souvent de grands ravages
dans leurs cultures ; aussi, dès qu'ils furent convaincus
que nous ne venions pas de la part du pacha pour
lever l'impôt, ce que les vêtements militaires de
Joussouf et de plusieurs de nos gens pouvaient les

porter à croire, mais que nous étions des chasseurs d'éléphants, nous reçurent-ils avec hospitalité, et nous fournirent-ils tous les renseignements désirables. Nous leur distribuâmes quelques verroteries et des miroirs, et gagnâmes ainsi leur affection : ils nous fournirent des guides pour nous conduire dans les contrées les plus fréquentées par les éléphants. Dès ce premier jour de marche, nous reconnûmes que l'usage du dromadaire serait pour nous un grand embarras ; cet animal, que la nature a créé pour les plaines sablo-neuses, à la marche lente et pénible sur un sol détrempé et couvert de flaques d'eau, de roseaux arborescents et d'herbes d'une hauteur égale à celle de l'homme ; joignez, à ces obstacles à leur marche, des massifs nombreux d'arbres, et fréquemment des forêts impénétrables, et vous comprendrez que nous avions mal calculé nos moyens de transport. Aussi songeâmes-nous à revenir à mon premier projet, à nous servir d'ânes et de mulets, races vigoureuses et plus rusti-ques que le cheval du pays. Les habitants de deux villages se réunirent pour nous fournir ces bêtes de somme et prirent en échange nos dromadaires. Ce marché leur était fort avantageux, vu leur peu d'éloi-gnement de Kartboum.

Notre petit campement, placé sur une éminence voisine du village, fut visité par toute la population. Les hommes étaient presque nus, et les femmes se cou-vraient d'un pagne : tous avaient le corps luisant de graisse ; leurs cheveux, presque aussi crépus que ceux des nègres purs, en étaient saturés aussi, et tressés comme on les voit dans les statues des ruines de l'Egypte. Nos armes, surtout nos carabines armées de longues baïonnettes, attirèrent l'attention des hommes; mais nos tridents, aux trois lames aiguës et tranchan-tes, leur parurent la dernière perfection des armes offensives. Les femmes admiraient nos boutons de

cuivre et d'acier, les boucles de nos ceinturons, et
poussaient des cris de joie, faisaient des gambades in-
croyables, quand nous leur distribuiions des verroteries ou des aiguilles et des ciseaux de pacotille.

Malgré toutes ces démonstrations amicales, nous
ne négligeâmes pas les précautions autour de notre
petit camp. Une sentinelle fut placée, avec ordre de se
promener autour de nos tentes, et nos chiens détachés.
Nos bêtes de somme, placées au milieu de nos quatre
tentes, qui formaient un carré, nous parurent à l'abri
des bêtes féroces qui rôdent la nuit autour des villages,
surtout des hyènes, fort nombreuses dans toute la
Nubie et surtout l'Abyssinie.

Durant notre marche, nos chasseurs avaient tué
plusieurs lièvres, qui pullulaient dans la contrée, un
antilope fort jeune, des oiseaux et deux singes
babouins.

Les provisions fraîches ne nous manquaient donc
pas : mais le courage nous manqua quand on nous
servit les babouins rôtis, au bout d'une perche. Les
traits de ressemblance que ces bêtes ont avec l'homme
nous dégoûtèrent. Nos gens s'en régalèrent de préfé-
rence à la chair de l'antilope et des oiseaux; quant à
celle des lièvres, elle est réputée impure chez les
musulmans et chez les habitants du pays.

La fatigue, les importunités de nos voisins, nous
avaient écrasés. Sous les feux perpendiculaires du
soleil, l'Européen, couvert de ses habits, et dont le
corps n'est pas enduit de graisse, est épuisé par la
perte d'une transpiration ruisselante. Cependant,
notre marche avait été presque toujours protégée par
des ombrages. La quantité d'eau que nous absorbâmes
fut réellement prodigieuse. Cependant nous n'en
éprouvâmes aucune incommodité. Ce fut donc avec
cette inexprimable satisfaction que ressent le voyageur
fatigué en se livrant au repos, que nous nous éten-

dîmes sur nos hamacs, élevés de deux pieds au-
dessus du sol, où le sommeil nous ferma bientôt les
yeux. Othon se trouva la force de rédiger la relation
de cette première journée de notre expédition.

Je dormais profondément, lorsque je me trouvai à
demi éveillé par les aboiements de mes chiens, et
presque aussitôt par l'explosion d'un fusil. Je me jetai
à terre, n'ayant pas conscience du lieu où je me trouvais ni de ce qui pouvait se passer. A la lueur de la
petite lampe d'Othon, qui écrivait aux pieds de mon
hamac, je vis briller le fer poli d'un trident; puis je
pus distinguer la forme d'un homme. C'était mon
esclave nubien qui, plutôt éveillé que moi, s'était
armé d'un trident et se jetait en dehors de la seconde
tente. Othon refermait son registre, secouait ses
membres, et prenait sa carabine : rendu à la réalité,
je m'armai à la hâte et sortis de la tente.

— Je faisais ma faction, nous dit mon serviteur
Pierre, lorsque, arrivé à la tente la plus voisine du
fourré, j'ai entendu un bruit d'os brisés, un claque-
ment bruyant de mâchoires. Vous le voyez, la vue
peut distinguer les objets à une certaine distance : là,
à quelques pas de la tente, j'ai aperçu plusieurs
animaux qui rongeaient les restes de notre souper.
Les chiens, éveillés presque aussitôt, se sont mis à
aboyer : j'ai visé dans le groupe des rongeurs, et je
crois que ma balle a porté, car j'ai entendu un
miaulement sauvage. Ce sont des hyènes qui sont venues
dévorer les os du souper.

Tout notre monde se trouva sur pied : nous allâmes
au lieu indiqué par Pierre, mais nous ne trouvâmes
que les os épars.

Rassuré à ce sujet, j'allai me rejeter sur mon hamac,
après avoir posé une nouvelle sentinelle. Mais je fus
en proie à des rêves effrayants. Des bêtes féroces se
jetaient sur moi ; je luttais avec énergie pour me

débarrasser de leurs étreintes, me soustraire à leurs morsures. Je me levai couvert de sueur : pour rafraîchir mon front brûlant, j'entr'ouvris la toile de ma tente; un rayon de la lune tomba sur le visage d'Othon : son sommeil était paisible; pourtant je me croyais aussi courageux que lui.

Le ciel était calme, les lueurs de la lune, tamisées par les rameaux des arbres, se dessinaient comme des points argentés sur le vert sombre du gazon, où elles traçaient de bizarres mosaïques ; au-delà, le ciel m'apparaissait resplendissant d'astres, et l'atmosphère d'un bleu si doux que les yeux en étaient soulagés. Un souffle léger frémissait dans les rameaux et portait à mon visage une délicieuse fraîcheur. Plusieurs fois la sentinelle passa et repassa en silence : le poli de son arme jetait des reflets à demi éteints. Mon Nubien, couché avec les chiens, en avant de la tente, faisait entendre un ronflement sonore : rien ne bougeait; seul je ressentais encore de l'agitation. Peu à peu mes sens, rafraîchis par la fraîcheur de la nuit, entrèrent dans un repos complet, et j'éprouvai un étrange bien-être. Je sortis de la tente sans bruit, et m'approchai de la sentinelle, je ne pus lui parler; c'était un de nos mariniers égyptiens qui nous avait suivis. Il me montra de la main le village, où brillaient quelques lumières; je pensai que l'explosion de la carabine y avait excité quelque alarme; je m'avançai en-dehors du petit camp. Aux alentours tout était plongé dans un calme si profond que j'entendais les pas de la senti-nelle, les ronflements de nos gens et les mouvements de nos bêtes de somme.

Il y a sous le manteau de la nuit, à la lueur des astres, tombant sur les masses sombres des objets environnants, un charme si singulier que je me laissai aller à de vagues rêveries et m'assis au pied d'un arbre. Je n'y étais pas seul : une troupe de singes dormait sous ses rameaux. Quelque léger qu'eût été mon pas, plusieurs avaient été éveillés. Je les entendis grogner, murmurer d'un ton d'inquiétude, puis pousser un petit cri, que je pris pour un cri d'appel. Bientôt les rameaux s'agitèrent, et je vis les hôtes de l'arbre courir aux extrémités des branches, puis disparaître sur les arbres voisins. J'ai appris depuis que ces animaux sont souvent visités la nuit par d'énormes serpents qui, entortillant le tronc des arbres, portent sur les dormeurs une gueule qui les engloutit sur-le-champ.

On trouva une hyène blessée à quelque distance du camp. Les noirs ne voulurent pas l'achever, par superstition : dans leur pays, on regarde les hyènes comme animées par les esprits des sorciers qui habitent les montagnes et qui descendent, la nuit, pour venir rôder autour des villages ronger les carcasses des animaux morts, et dévorer les autres immondices. Ces superstitions sont surtout répandues dans l'Abyssinie. Il fallut se diriger dans l'intérieur des terres qui s'élèvent en plateau. Le voisinage du fleuve et l'inondation des basses terres rendaient malsain l'air qu'on y respirait, et donnaient naissance à plusieurs maladies, dont la dyssenterie est la plus commune.

La route descendait à travers une vallée marécageuse, où croissaient des roseaux hauts comme des arbres, entremêlés d'autres plantes aquatiques qui eussent rendu le passage impénétrable, si çà et là de larges trouées ne se fussent présentées. Ces passages sous le couvert des roseaux, et peu élevés, sont dangereux; ils ont été tracés par les bêtes féroces et surtout par les sangliers et de petits buffles noirs, dont les cornes ont au moins trois pieds de longueur. Ces animaux, très agiles, très forts, attaquent les voyageurs et sont très dangereux ; ce fut donc l'arme à la main que nous traversâmes ces trouées, où nous vîmes de nombreuses empreintes toutes récentes.

Nous avions atteint un point plus élevé, presque dégarni de roseaux et de broussailles, et attendions nos bêtes de somme, dont la marche était retardée par les obstacles, quand nos chiens se mirent à hurler : aussitôt nous nous formâmes en peloton, les tridents en avant. Ce n'était rien moins que trois sangliers qui arrivaient sur nous comme un ouragan, brisant tout sur leur passage, et soufflant d'une manière effrayante.

— Attention, criai-je! feu sur les deux premiers; tenez ferme aux tridents. Ils étaient sur nous, avant que nous eussions lâché nos coups de carabine : j'allais être atteint d'un coup de boutoir, lorsque Pierre enfonça son trident au défaut de l'épaule du sanglier qui courait en tête.

J'eus le temps de me jeter de côté, de lui enfoncer ma baïonnette près de l'oreille et de tirer mon coup de carabine en même temps. La bête furieuse roula à terre, saisie à la gorge par mes chiens. Les deux autres se ruaient sur nos gens; Othon courut comme moi un grand danger : mais le sang-froid n'abandonnait jamais le brave Allemand : il fit un saut de côté, et déchargea sa carabine sur la tête baissée de l'animal, il fut achevé à coups de trident. Joussouf était aux prises avec le troisième, qui venait de blesser un nègre : avec son sabre turc, il coupa net la gorge de l'animal. Nous étions donc maîtres du champ de bataille, et la lutte ne durait pas depuis plus de cinq minutes.

— Ami, me dit l'Allemand de sa voix calme, nous allons faire de magnifiques jambons; c'est dommage que nous manquions d'épices.

La confusion passée, nous fîmes l'examen de notre prise sanglante; ces sangliers étaient de forte taille pour des sangliers nubiens, et d'un embonpoint remarquable. J'admirai la longueur et la grosseur de leurs défenses. Ces animaux trouvent une abondante pâture dans les marais remplis de racines qui leur conviennent ; ils font souvent de grands ravages dans les cultures ; ils vont toujours en troupe ; le lion et les autres bêtes féroces ne les attaquent que lorsqu'ils les rencontrent isolés.

Nous fîmes chercher un lieu plus élevé et plus découvert pour nous y installer et faire le festin des chasseurs. Je fus étonné de la prestesse et de l'habileté avec lesquelles mon Nubien dépeça les trois sangliers.

— Ce nègre était boucher dans son pays, me dit Othon en lâchant une bouffée de tabac. Il va nous préparer de succulentes grillades.

Othon était, sous le rapport du manger, un peu sensualiste ; aussi je ne fus pas étonné de le voir tailler des morceaux de chair pantelante, et faire à son tour la cuisine du camp.

La chaleur était si intense que nous quittâmes ce lieu dès que tout fut prêt pour le départ ; quoique l'atmosphère fût pure, l'odeur des marécages ne s'en faisait pas moins sentir ; il est certain que je me sentais écrasé, les événements du matin avaient tendu mes nerfs ; ils avaient besoin de calme.

Nous longeâmes une petite forêt, dont les arbres, très rapprochés et environnés de plantes grimpantes, rendaient le passage impossible : néanmoins, pour trouver de l'ombrage, nous débarrassâmes une certaine étendue de sa lisière de tous les arbustes et buissons qui couvraient le sol, et nous y établîmes nos tentes. Ces déblais servirent de retranchements, et nous eûmes l'espoir d'y passer une nuit paisible. Mais un nouvel inconvénient vint nous assaillir : des myriades d'insectes, tous plus altérés les uns que les autres de notre sang, bourdonnèrent, violonèrent autour de nos oreilles, puis s'abattirent sur les parties nues de notre corps. Nos compagnons noirs, qui s'étaient frottés de la graisse chaude des sangliers, ne parurent nullement incommodés de ces importuns visiteurs. Je compris alors que cette habitude des frictions avait une cause nécessaire ; mais quoique je la reconnusse, je ne pus me résoudre à en faire usage. Nous nous enveloppâmes la tête de tissus de mousseline, et préservâmes nos mains de notre mieux ; malgré tout cela, ces maudits insectes trouvèrent le moyen d'arriver jusqu'à notre peau et de troubler notre sommeil.

Le soir, Othon ferma hermétiquement notre tente et se mit à fumer comme un tuyau de cheminée ; j'étouffais, mais je préférais encore la fumée aux morsures des insectes. Le village le plus voisin, dans l'intérieur des terres, se trouvait à une demi-journée de marche ; nous partîmes à la clarté des étoiles, plusieurs heures avant le lever du soleil : nous longions toujours la lisière du bois, d'où sortaient déjà d'étranges murmures. Les criaillements des singes commençaient : des miaulements annonçaient le voisinage des hyènes, et au-dessus de tous ces bruits, deux ou trois roulements de tonnerre nous avertissaient du voisinage du lion. Un autre cri singulier, que je n'avais point encore entendu, fut attribué à la panthère par nos deux guides.

On ne se fait pas d'idée de la multitude de lièvres qui se trouvent dans ces contrées ; les hommes ne les chassent point, ils échappent aux grosses bêtes et n'ont pour ennemis que les renards et les hyènes ; mais la nécessité de se mettre à l'abri de ces deux ennemis leur a suggéré l'idée de se creuser des terriers ; qu'on vienne encore dire que les lièvres ne peuvent pas progresser !

Des oiseaux de toutes couleurs, quelques-uns d'un plumage admirable par son éclat, remplissent les forêts de leurs ramages aussi variés que souvent désagréa-

bles; mais les singes, malgré la gentillesse de leurs
sauts de branche en branche, se rendent souvent importuns. Ils nous escortaient d'arbre en arbre, gro-
gnaient, piaillaient, et, je dois le dire, sifflaient à nous
fatiguer. Un gros babouin eut l'audace de venir gambader autour de mes chiens; un d'eux le saisit à l'im-
proviste dans les deux rateliers de dents qui garnis-
saient ses mâchoires, et malgré ses cris, ses égrati-
gnures, ses morsures, ne le lâcha que demi-mort. Ces
animaux réfléchissent et se communiquent leurs idées,
car le reste de la route ils ne badinèrent plus avec les
chiens.

Il pouvait être neuf heures du matin, lorsque nous
atteignîmes un couvert où nous résolûmes de laisser
passer l'ardeur du jour; nous avions d'abondantes
provisions, aussi ne songeâmes-nous point à chasser :
la chair passe vite à la corruption. Nous vîmes plusieurs antilopes, deux renards et une multitude de
lièvres, sans tirer un seul coup de carabine. La
chaleur nous abattait, nous n'étions pas encore
acclimatés.

Notre cuisine de chasseurs fonctionnait : mon
Nubien écartait les mouches de nos chevaux; Othon
fumait d'un air rêveur, et moi je repaissais mes yeux
de cette nature puissante qui pousse la végétation
presqu'à vue d'œil, lorsque Joussouf me posa la main
sur l'épaule et me dit : « Ecoutez; » j'entendais bien
des rumeurs lointaines, mais je les attribuais aux
oiseaux, aux singes et à cette multitude d'animaux
qui errent, cherchant leur pâture. J'écoutais, les
rameurs arrivaient par bouffées, comme des coups de
vent. C'était quelque chose de nouveau, d'extraordi-
naire pour moi.

Nos Nubiens paraissaient aussi attentifs à ces
rumeurs lointaines.

— Je comprends la cause de ces bruits, me dit

Joussouf : les Nubiens ont prononcé plusieurs fois le mot *phyl;* en Asie, ce mot désigne l'éléphant; beaucoup de mots arabes sont passés dans la langue nubienne. Je crois que la population du village voisin cherche à effrayer les éléphants par ses cris; c'est du moins l'opinion des Nubiens.

A l'annonce du voisinage des éléphants, je sentis le sang bouillonner dans mes veines, c'était mon rêve continuel.

— Othon, m'écriai-je, il y a là-bas des éléphants; entendez-vous les cris que l'on pousse pour les effrayer?

— Eh bien! ami, nous allons partir : nos carabines les effraieront plus que les cris de ces barbares.

Othon appliquait souvent cette épithète aux naturels de la contrée.

Une nouvelle ardeur animait tout mon être : il me semblait que nous n'arriverions jamais assez tôt, et que les éléphants se seraient éloignés devant cette population hurlante. Mon ami l'Allemand ne montrait pas un pareil empressement, mais il employait mieux son temps que moi : il fit l'inspection de nos armes, distribua de nouvelles cartouches, et mit en bon état un de nos longs fusils qu'il avait mis dans le bagage.

Nous voilà en route : je poussais mon cheval en avant, me dirigeant du côté d'où nous venaient les rumeurs. Joussouf me rejoignit.

— Ne fatiguez pas votre monture, me dit-il; vous aurez peut-être besoin de toute sa vigueur, si nous attaquons les grosses bêtes.

J'attendis notre troupe que l'Allemand avait rangée sur trois lignes, en vrai caporal allemand, et conduisait au pas militaire, en fumant sa pipe. Mes deux serviteurs remplissaient les fonctions de chefs de file.

La marche se continua avec plus de rapidité; les éléphants nous arrivaient, à chaque instant, plus

distinctes et plus étendues. J'envoyai en avant deux
Nubiens, en leur faisant comprendre que nous voulions des renseignements.

Tout autre gibier nous était devenu indifférent,
aussi passait-il à la portée de nos carabines, sans
danger pour lui. Il n'en fut pas de même avec un
buffle noir : nous voulions bien le laisser passer tranquillement; il ne pensa pas comme nous, car dès qu'il
nous eut aperçus il fondit sur nous, ses longues cornes
en avant. Le mouvement de mon cheval eût rendu
mon coup incertain ; je criai à Pierre Banin, dont le
coup d'œil était sûr, de tirer sur l'agresseur, et je
m'écartai un peu sur la droite. Soit que le buffle me
trouvât plus digne de son attaque, parce que j'étais le
plus apparent en avant, soit qu'il voulût attaquer mon
cheval, ce fut sur moi qu'il se dirigea. Le mouvement
de côté que j'avais fait pour diriger mon cheval
venait de me faire perdre la bête de vue. Un cri de nos
gens m'avertit du danger; je tournai la tête, l'animal
furieux se trouvait presque sur moi. Heureusement
que le sol était peu embarrassé de buissons, et que je
pus faire bondir mon cheval de côté. A l'instant
même, les deux chiens, lancés sur lui, s'attachèrent
l'un à sa gorge et l'autre à ses flancs, et nous eûmes le
spectacle d'un combat terrible; le buffle, quoique sur-
pris, commença une défense qui nous étonna.

Ne pouvant ni frapper des pieds, ni des cornes, il
se roula à terre avec une promptitude inconcevable.
Le chien qui lui mordait le flanc, écrasé par le poids
de son ennemi, lâcha prise, mais celui qui le mordait
à la gorge se laissa secouer à droite et à gauche sans
desserrer les dents. Othon regardait froidement la
lutte, la carabine au poing. Je sautai à terre pour
aller au secours de mes chiens; mais je fus devancé
par Pierre, qui d'un coup de trident coupa le jarret de
l'animal écumant : mes chiens se trouvaient encore

en danger; il lui déchargea sa carabine derrière
l'oreille. Il tomba en poussant un beuglement sauvage.
Il ne se releva pas.

Dépecé tout chaud, sa peau fut jetée sur un de nos
bagages, et tandis que les chiens buvaient le sang,
nous reprîmes notre marche lentement. Nous ne voulions pas perdre ces provisions fraîches.

Nos envoyés nous rejoignirent; d'après leur rapport, toute la population du village était sur pied :
une bande d'éléphants avait ravagé des champs de
doura et paraissait disposée à continuer de faire
grasse pâture. Les habitants, n'ayant pu les effrayer
par leurs cris, amassaient des roseaux secs, des branches d'arbres, pour entourer le lieu où ils s'étaient
retirés, et y mettre le feu.

— Nous pourrons en tuer quelques-uns, me dit
Joussouf, le feu les épouvantera; ils se débanderont,
mais n'allons pas les chercher avec trop d'assurance.
C'est un gibier plus à craindre que tout autre, car il
est plus intelligent.

Nous arrivons; la plaine offrait un spectacle saisissant. Les nègres couraient de tous côtés, poussant des
hurlements, portant des fardeaux de combustible sur
leur dos, sur leurs épaules, et les jetant à d'autres qui
les plaçaient en cercle. Tous ces mouvements se
faisaient dans le voisinage d'un bois de grands arbres,
sous lesquels je pus distinguer un éléphant qui ployait
les basses branches avec sa trompe. Il ne me sembla
nullement effrayé.

L'approche de notre petite troupe fit cesser les cris.
Qui étions-nous? que voulions-nous? Voilà sans doute
ce que les habitants pensèrent et se dirent; mais, dès
que notre intention fut connue, les cris et le travail
recommencèrent de plus belle.

Nous nous divisâmes en trois troupes, à la tête desquelles Othon, Joussouf et moi, nous mîmes. J'étais

au centre et avais laissé ma monture au pied d'un
arbre. Les éléphants comprirent-ils que des agres-
seurs plus redoutables que les premiers paraissaient
sur le terrain, ou bien, fatigués des hurlements des
noirs, voulurent-ils voir ce que tout cela leur prépa-
rait? Je n'en sais rien; toujours est-il que nous vîmes
cinq de ces énormes bêtes avancer leur tête hors du
bois, entre les basses branches, et nous montrer leurs
défenses aussi blanches que formidables. Ils restèrent
un instant la trompe en agitation, comme faisant un
examen de leurs ennemis, puis firent entendre un son
éclatant, que je ne puis mieux comparer qu'à celui que
rend un clairon dont sonne un musicien inexpéri-
menté. Presque aussitôt leurs masses bondirent au-
delà de la lisière du bois, et ils se mirent au trot, côte
à côte, et courant sur nous. Un champ de doura
ravagé, d'environ quatre cents pas de largeur, nous
séparait d'eux.

Aussitôt des feux s'allumèrent dans le cercle, les
éléphants s'arrêtèrent; j'eus le temps de pointer mon
long fusil, supporté sur un triangle : je visai la tête
du plus gros des éléphants à l'instant de leur halte.
L'explosion fut retentissante, comme celle d'un fau-
conneau, et la grosse balle en fer alla à son adresse.
Un bruit, qui n'était ni un hurlement ni un son
connu, retentit du côté des éléphants; puis la terre
résonna sous leur pesant galop; nous ne vîmes plus
que leurs derrières. Celui que j'avais visé restait seul,
la tête tournée vers nous : il fit quelques pas de côté,
puis tomba sur la terre, qui rendit un son sourd et
mat. Il était blessé mortellement.

Les nègres, tout occupés d'allumer leurs feux, de
pousser leurs hurlements, avaient à peine entendu
l'explosion, n'avaient pas vu la chute de l'éléphant.
Ils cessèrent subitement leurs cris, en nous voyant
nous porter rapidement dans l'intérieur du cercle,

puis, nous apercevant au lieu où se trouvaient peu
auparavant les bêtes redoutables qu'ils virent rentrer
dans le bois, les plus courageux accoururent autour de
notre troupe, qui entourait l'éléphant à distance. A
la vue de cet immense animal, étendu sur le côté, la
tête inclinée sur la terre où sa trompe était tordue,
inerte, ils éprouvèrent un étonnement stupide, et nous
prirent pour des êtres extraordinaires.

Je bouillonnais d'ardeur et d'enthousiasme; nous
nous avançâmes vers le bois, laissant mon seul Nubien
auprès de l'éléphant tué.

Le reste de la troupe des éléphants était en déroute;
nous ne trouvâmes que les traces profondes de leur
fuite, et quand nous eûmes traversé le bois, les
fuyards étaient hors de notre vue.

La journée se trouvait fort avancée, nous ne crûmes
pas devoir nous mettre à leur poursuite; de retour
auprès de l'éléphant, nous y vîmes toute la population
réunie. Ces gens grossiers prétendaient que l'animal,
tué sur leurs terres, leur appartenait comme dédom-
magement des ravages qu'il leur avait fait éprouver.

La fougue de mon caractère me portait à repousser,
à coups de carabines, leurs injustes prétentions, mais
Othon et Joussouf m'en dissuadèrent. Une petite
distribution de verroteries les satisfit : ils aidèrent à
dépouiller l'animal et parurent heureux que nous leur
en abandonnassions les chairs. Seulement nous enle-
vâmes les quatre pieds ; j'avais lu qu'ils font un mets
délicat, je voulais me satisfaire. Les défenses pesaient
plus de cent livres; c'étaient nos premières dépouilles
de chasseurs, aussi les mîmes-nous précieusement sur
une de nos bêtes de somme.

Le petit bois où nous avions trouvé les éléphants
nous parut convenable à un campement de nuit; les
clameurs et les tumultes de la lutte en avaient délogé
les singes; nous espérions y dormir tranquillement.

Quoique nous fussions dans les meilleurs rapports avec nos voisins, nous nous tînmes cependant sur nos gardes ; jamais le voyageur ne doit compter sur les apparences de ces nations barbares, qui dépouillent toujours quand elles se croient les plus fortes.

Notre repas du soir fut un véritable festin homérique : jambons et tranches de sangliers, buffle tout entier, et quatre pattes énormes d'éléphants. Tout le monde se mêla de cuisine, sauf moi, qui n'ai jamais senti de dispositions pour l'honorable profession de cuisinier.

Ce fut avec la répugnance que l'on éprouve ordinairement pour les viandes inconnues, que je goûtai aux pieds d'éléphant, et, soit que je dusse l'attribuer à l'art culinaire de mon ami Othon, soit que le mets fût excellent par lui-même, j'avoue que j'en mangeai avec sensualité, et que je me promis bien de nous réserver cette pièce délicate toutes les fois que nous tuerions un éléphant.

Après une journée de fatigues et d'émotions, terminée par un succulent repas, rien n'est plus désirable, n'est plus nécessaire qu'une bonne nuit de sommeil paisible ; ce fut avec cet espoir flatteur que je m'étendis sur mon hamac.

Les rêves vinrent m'assaillir, je me voyais dans une forêt remplie de bêtes féroces ; leurs hurlements, leurs rugissements m'épouvantaient : la sueur inondait mon corps, je m'éveillai. Mais les mêmes hurlements, les mêmes rugissements retentirent à mes oreilles. Les fumées de la chair fraîche, répandues dans l'air, avaient attiré sur les restes de l'éléphant toutes les bêtes carnassières des environs ; elles se disputaient une place au festin, et leurs disputes retentissaient horriblement au loin.

Othon, à la lueur d'une petite lampe, écrivait sur ses genoux comme un écolier.

— Entendez-vous, ami? lui demandai-je.

— J'entends si bien, me répondit-il, que je décris cette scène de nuit dans les déserts de l'Afrique. Laissez-moi, je vous prie, continuer.

Je sortis, tout notre monde était éveillé, mais silencieux : on craignait que les émanations de nos bêtes de somme ne nous attirassent de dangereux visiteurs.

Le dos appuyé contre un arbre, la carabine à la main, j'écoutais les bruits formidables de la plaine; j'entendais le broiement des os, jusqu'aux claquements des mâchoires, entrecoupés de grondements, de hurlements, de cris sans nom. Il fallait que les convives fussent nombreux pour se disputer les places à un si large et si copieux banquet. A la distance de plus d'une demi-lieue, sur l'élévation où était situé le village, je vis briller de grands feux; là-bas aussi, ils se défiaient des banqueteurs de la plaine. Je remarquai, pour la première fois, des nuages détachés, qui, comme des navires aériens, fuyaient de l'ouest à l'est, les uns parsemés de taches sombres, et les autres transparents et d'un bleu si doux que mes regards y restaient attachés et les suivaient, dans leur fuite, avec une sorte de satisfaction rêveuse que je n'avais point encore éprouvée. Hormis ces taches fugitives, le ciel était d'une transparence admirable et les lueurs des étoiles tombaient en rayons adoucis sur la masse sombre de la terre. La lune, qui joue toujours un si grand rôle pour les yeux qui contemplent la nuit étoilée, la lune entrée en son plein, versait de l'ouest une lueur presque égale à celle d'un jour nébuleux de l'Europe.

Quand je rentrai sous la tente, mon ami Othon dormait; je me gardai bien de l'éveiller et je me jetai sur mon hamac, où je trouvai un sommeil paisible jusqu'au matin. J'allai visiter les restes de l'éléphant; les os seuls, sans un lambeau de chair, portant les râclures des dents, plusieurs brisés, restaient sur la

terre : elle avait été léchée, mâchée dans·les endroits
où elle était imbibée de sang. Il faut que les bêtes
carnassières soient bien affamées pour ne laisser que
ce qu'il est impossible d'avaler. Puis une autre idée
me traversa l'esprit.

— Cet éléphant, me dis-je, était hier encore plein
de vie et de forces; son organisme complet était mû
par une volonté unique; aujourd'hui les parties de
cet organisme, absorbées par un nombre considérable
d'estomacs, sont élaborées et passent dans d'autres
organismes. Etrange et admirable loi de la Providence,
qui travaille incessamment la matière et lui fait subir
des milliers de métamorphoses. Où s'arrêtera ce
travail?

Il s'agissait de nous mettre en quête des autres
éléphants : notre camp fut bientôt levé et notre route
tracée par les empreintes larges et profondes des
fuyards. Le sol s'élevait toujours, mais çà et là s'ou-
vraient des vallées sans issues où les eaux accumulées
formaient des marécages dissimulés par des végétations
aquatiques d'une grande hauteur. Il fallait faire un
circuit, rechercher le sol sec et solide. Mais nous
avions la satisfaction de tirer des oiseaux aquatiques,
des lièvres et des renards. Nous ne vîmes pas une
seule gazelle; une bande de buffles nous passa sous le
vent, et ne vint pas heureusement nous attaquer. Je
défendis de tirer; nos provisions se trouvaient abondantes : je ne voulais pas tuer pour le seul plaisir de
tuer. En passant sous un couvert, les singes se rendi-
rent si importuns que nous fûmes obligés de les écarter
à coups de carabine. Je remarquai un petit singe au
museau vert, dont les mouvements étaient pleins de
gentillesse; il était moins importun que les autres.

Dès que nous eûmes dépassé les lieux qui nous donnaient un peu d'ombrage, la chaleur devint si intense
qu notre marche se ralentit; bientôt nos forces furen

épuisées par une transpiration qui humectait tous nos vêtements. Il fallait anticiper sur l'heure de la halte du milieu du jour, et chercher un couvert qui nous préservât un peu des feux dévorants du soleil. Nos pauvres bêtes de somme ne pouvaient plus avancer ; elles fléchissaient sous leur charge. Dans le lointain, une forêt étalait son feuillage d'un vert sombre sur une côte peu élevée ; réunissant le reste de nos forces, nous parvînmes sous cet abri tutélaire. Chacun s'y rendit haletant : hommes et bêtes, tout était pêle-mêle, **arrivé** au dernier dégré d'épuisement. Nous fûmes heureux que nos Nubiens eussent conservé leurs forces, sans cela il nous eût été impossible de dresser les tentes et de décharger les bêtes de somme. Mon pauvre ami Othon, chargé de plus d'embonpoint que moi, étouffait sous sa cotte de mailles, soufflait à faire pitié. Les seuls mots qu'il put prononcer furent ceux-ci :

« Nous sommes arrivés dans un des domaines de l'enfer. » (*Sic.*)

Quoique l'ombrage fût épais, et que nos tentes nous missent encore à couvert de l'ardeur de l'air, la chaleur ne nous en paraissait guère moins accablante.

Presque subitement, un frisson traversa les profondeurs de la forêt ; les feuilles se tordirent, les rameaux tremblèrent ; puis un calme effrayant, un calme que n'interrompait aucun cri, aucune rumeur, s'étendit sur nous. Mes chiens poussèrent un long hurlement, puis se couchèrent le nez dans les herbes. Nos bêtes de somme donnèrent les mêmes signes de terreur, e je vis les Nubiens s'entretenir avec effroi. Qu'allait-il donc nous arriver ?

Joussouf me l'apprit : le vent embrasé du désert accourait précédé de ce calme de mort.

— Fermez bien la toile de votre tente ; je vais prendre

toutes les précautions pour piéserver de mon mieux le reste de la troupe et nos bêtes.

— Ah! miséricorde, s'écria mon pauvre ami, si c'est le kamsin, je ne reverrai jamais le paradis de l'Allemagne!

Nous étions hermétiquement clos quand l'ouragan fondit sur la forêt et sur nous.

CHAPITRE VII.

Le kamsin fond sur la troupe. — Description. — Terrible situation. — Une visite de nègres. — Le lac. — L'incendie. — Village nubien. — Cérémonie en l'honneur de la lune. — Association. — Les panthères. — Fuite des animaux devant les lions. — La troupe de buffles. — Othon manque son coup. — Son dépit met la troupe en danger.

La tourmente fondit sur la forêt : des bruits formidables sortirent de ses profondeurs; concert infernal où toutes les bêtes féroces réunies semblaient mêler leurs hurlements; on entendait le crépitement des feuilles, les craquements des rameaux, et ce grand et terrifiant groundement des ouragans. Les arbres élevés se courbaient, puis se redressaient en sifflant; d'autres, moins attachés au sol, tombaient en rendant ce bruit frissonnant de rameaux s'emmêlant aux rameaux; il m'est impossible d'exprimer ce que j'entendais. La toile de notre tente s'affaissa sous le poids

des rameaux brisés : nous fûmes cloués à terre, ne
pouvant presque pas respirer! Respirer un air plus
chaud qu'une vapeur, mais une vapeur sèche chargée
de sables en poussière qui remplissaient nos nez, nos
yeux, nos bouches, nos oreilles, qui couvraient nos
habits d'une couche épaisse et brûlante, je crus toucher à mes derniers moments. Un soupir vint me distraire, puis j'entendis ces mots mal articulés :

— Ah! paradis de ma chère Germanie, je ne te
reverrai jamais !

— Pauvre Othon, pensai-je, il souffre plus que moi,
car il regrette quelque chose, et moi je suis absorbé! (

Je ne sais combien dura cette terrible situation, car
je m'évanouis. En ouvrant les yeux je vis autour de
moi Joussouf et nos gens ; fut-ce un trouble dans ma
vue, j'eus peine à les reconnaître. Les blancs avaient
le visage pâle comme ceux des morts, les yeux
presque éteints; les noirs avaient pris une couleur de safran, mais leurs grands yeux brillaient toujours.

— Othon? demandai-je.

— Il est aussi sauvé, me répondit Joussouf; restez
en repos, on cherche de l'eau.

Celle de nos outres de peaux de buffle avait été
complètement absorbée. De l'eau, mais c'était pour
moi la vie : on n'en trouva pas; dévoré par la soif,
j'endurai un atroce supplice; nos Nubiens firent des
incisions aux troncs de certains arbres, mais la sève
n'en découla pas; heureusement la nuit survint. Au
lieu de cette voûte du ciel d'un bleu si doux à l'œil,
parsemée d'astres étincelants, une voûte rouge comme
la fonte ardente, ne laissait apercevoir, à travers une
atmosphère poudreuse, que des lueurs rougeâtres et
qui arrivaient à peine à la surface de la terre. Cependant un peu de fraîcheur se fit sentir, apportée par
une brise saccadée soufflant de l'est; il nous fut pos-

sible de la humer à pleins poumons, et de trouver un
grand soulagement à l'ardente soif qui nous torturait.
Grâce aux précautions prises par Joussouf, nos
Nubiens et nos gens avaient été sauvés, personne
n'avait péri, pas même nos animaux, plus exposés.
Mais il nous fut impossible de reprendre notre route
le lendemain; on creusa assez profondément dans un
marais entièrement desséché, et nous pûmes nous procurer une eau que nous trouvâmes délicieuse. Cette
recherche de l'eau nous fit découvrir dans les joncs
desséchés plusieurs longs serpents que le kamsin avait
tués; le plus gros avait plus de dix pieds de longueur
et pouvait être comparé, pour la grosseur, à la cuisse
ordinaire d'un homme. Comme toutes nos provisions
de bouche se trouvaient corrompues, il fallut recourir
à nos chasses pour nous en procurer. Nos gens n'allè-
rent pas loin; les corps de plusieurs buffles étaient
étendus au revers de la vallée; la chair, quoique des-
séchée, nous parut encore mangeable.

Le troisième jour, remis de nos fatigues, et sous un
ciel ardent, nous reprîmes nos poursuites, mais au-
cunes traces n'apparaissaient sur le sable bouleversé
ou sur le sol jonché de feuilles et d'autres débris. Nous
atteignîmes, vers le soir, les bords d'une nappe d'eau
qui fut pour nous d'un grand secours. Gens et bêtes,
nous y courûmes tous en hâte, et Dieu seul sait la
quantité d'eau qui fut absorbée; ce fut sur ses bords
que nous dressâmes nos tentes. L'imprudence d'un de
nos compagnons nous procura la plus magnifique
illumination qu'il soit possible d'imaginer; je ne sais
pourquoi il avait allumé du feu près des roseaux desséchés. Il se communiqua à ce combustible, dont les
tiges s'élevaient jusqu'à vingt pieds de hauteur; le
kamsin les avait si complètement desséchés qu'ils
s'embrasèrent presque instantanément. L'incendie,
comme les deux ailes d'une armée de feu, s'étendit

6

rapidement le long des rives, à droite et à gauche, et
nous offrit un spectacle terrible et magnifique.

Des nuées d'oiseaux aquatiques s'élevèrent, tour-
billonnant dans les nuages de fumée, et vinrent
s'abattre éperdues sur les rives, au-delà des flammes.
Nous fîmes de nouvelles provisions, sans tirer un coup
de carabine. L'incendie pâlit aux lueurs du jour,
mais il ne continua pas moins sa marche autour de la
pièce d'eau; il nous fut possible de la reconnaître aux
tourbillons de fumée qui montaient et s'évaporaient
promptement dans la sécheresse de l'air.

Nous restâmes deux jours sur les bords de cet étang;
nos gens firent des filets et prirent de magnifiques
poissons : un d'eux agit sur leurs bras comme la
torpille; cependant l'espèce était différente.

— Eh bien! demandai-je à Othon, assis près de
moi sous l'abri de notre tente, vous avez maintenant
l'espoir de revoir le paradis de l'Allemagne? Il ne
comprit pas ma question et ne se rappela nullement
les paroles de désespoir et de regret qu'il avait prononcées sous le poids de notre tente et de sa terreur.

— Croyez-vous, me dit-il, que cette terre soit un
séjour bien désirable, et que, si les autres mondes sont
habités, ainsi que l'analogie me porte à le croire, il
ne serait pas avantageux de quitter cette planète et
d'y aller établir sa tente, ne dût-on y trouver aucun
éléphant à chasser?

— Je crois, lui répondis-je, que nous sommes où
Dieu a voulu nous placer, et que notre organisme ne
s'accorderait pas mieux de la climature de toute autre
planète, que nous ne nous accommodions de la visite
du kamsin. Il nous a fait naître dans une région tem-
pérée; l'esprit d'aventure nous a conduits dans les
zones ardentes, et nous en subissons les conséquences.

— Partout où l'homme peut poser son pied, me répondit-il; partout où son sang n'atteint ni trop de

chaleur ni trop de froid pour ne plus circuler, il peut vivre. Mais je vous dis, et je n'ai pas besoin de vous le prouver, que notre terre n'est pas un Eden et qu'on peut la croire, quelquefois, frappée de la malé- - diction du ciel. Quels ravages n'a pas dû causer le terrible kamsin en se précipitant dans la vallée du Nil, où le cours du fleuve détermine un courant d'air! J'ai l'idée d'un monde plus calme et meilleur, et cette idée doit être vraie, car elle m'est venue naturellement et sans l'inspiration des hommes.

Nous causions ainsi, les yeux fixés sur la pièce d'eau ; nos gens, embarqués sur des troncs d'arbres, allaient jetant leurs filets, que nous les voyions retirer avec des cris de joie ; sur les bords nos Nubiens baignaient nos bêtes de somme, les nettoyaient du sable fin qui avait pénétré jusqu'à leur peau, et nos chiens se jouaient autour, heureux aussi de débarrasser leurs longs poils de cette enveloppe cuisante.

— Croyez-vous, demandai-je à Othon, que ce spectacle ne présente pas une scène aussi gracieuse que consolante : le plaisir après la peine ; le contraste est piquant.

— Trop piquant, me répondit-il ; il se souvenait toujours de la visite du kamsin ; mais, en définitive, ces transitions du mal au bien assaisonnent le cours de la vie, comme les dangers de nos chasses assaisonnent nos émotions.

— Ainsi, Othon, vous ne voulez plus aller sur une autre planète?

— Pourquoi pas, me répondit-il ; nous sommes bien venus en Nubie pour voir du nouveau ; celui qu'on verrait là-haut serait nouveau par excellence, et un pareil voyage serait intéressant à raconter, si on pouvait en revenir.

—A propos de voyage. Othon, depuis le passage du

kamsin, je ne vois pas que vous ayez continué d'écrire
le nôtre?

— C'est une plaie que vous r'ouvrez, me répondit-il
mélancoliquement : le souffle de feu a rôti les feuilles
de mon journal; quand je l'ai ouvert, elles sont tom-
bées en poussière.

Je regrettai vivement cette destruction, car mon
ami était réellement instruit, bon et froid observateur,
et son journal devait être intéressant.

— Mais, Othon, lui dis-je, notre voyage ne fait que
commencer, il faut recommencer votre travail; le
kamsin ne vient désoler ces contrées que rarement.

— Vous parlez bien, ami, très conformément à mes
pensées; mais je n'ai plus de papier, plus d'encre, et
je ne connais pas l'arbre dont l'écorce produisait le
papyrus. Joignez à cela que je désespère de trouver un
seul marchand de papier au milieu de ces noirs habitants des contrées où nous avons la chance d'avoir
élu temporairement notre domicile.

Si nous n'avions pas été dévorés par une insuppor-
table chaleur, la station aux bords du lac eût été
très agréable; mais nous n'avions plus d'ombrage et
nos tentes ne nous en garantissaient que médiocrement.
Cependant la végétation était si active, si puissante,
que déjà de nouvelles verdures se montraient sur les
arbres et sur les bords du lac si récemment incendiés.

Nous eûmes la visite d'une petite troupe de noirs;
mais il nous fut impossible de nous entretenir avec
eux, même par l'intermédiaire de nos Nubiens, la
langue était différente; nos interprètes les comprenaient à peine, nous les comprenions difficilement
nous-mêmes; les signes vinrent à notre secours. Si
je compris bien, ces noirs venaient d'un pays éloigné,
en remontant le fleuve Blanc; ils avaient fait partie
d'une nombreuse caravane que le kamsin avait
détruite ou dispersée, et se rendaient à un lieu dont il

me serait impossible d'écrire le nom. Nous échan-
geâmes des ustensiles, des verroteries, contre des
cornes de rhinocéros, des dents d'éléphant et une
peau de girafe, dont Othon voulut absolument faire
l'acquisition. Ils nous cédèrent aussi trois mulets
magnifiques, quoique décharnés, et deux beaux ânes.
Enfin nous pûmes comprendre que nous aurions un
grand désert de trois jours de marche à traverser,
avant d'arriver dans la véritable patrie des éléphants
et des rhinocéros. Ils étendaient la main vers le côté
où devait se trouver la vallée du fleuve, et nous con-
seillaient de prendre cette direction plutôt que celle du
désert de sable.

Le soir nous nous approchâmes d'un grand village,
toujours sur une élévation ; ne sachant pas quel accueil
on nous y ferait, nous dressâmes nos tentes dans un
massif de mimosas, de figuiers et de gommiers, qui nous
dérobaient à la vue des habitants du village. La contrée me parut charmante : la végétation prouvait un
sol riche, et les nombreux troupeaux que nous découvrîmes nous firent penser que ce peuple était pasteur.

Nous étions au troisième jour de la pleine lune : le
ciel était un ciel africain, pur, transparent et resplendissant d'étoiles. J'aimais ces nuits, surtout après des
journées ardentes ; c'était l'heure de nos conversations, quand nous nous croyions en sécurité.

Je me trouvais donc avec Othon, qui ne s'était pas
encore remis de la visite du terrible kamsin : nos
gens, derrière les arbres, préparaient le repas du
soir, soignaient les animaux, ou allaient chercher de
l'eau à une mare voisine.

— Voilà une soirée de patriarche, dis-je à Othon.

— Elle serait délicieuse, me répondit-il, si nous
respirions cet air délicieux et contemplions ce ciel dans
un autre endroit !

Cette réponse me fit sourire ; mon ami Othon,

regrettait son paradis de l'Allemagne; tous ces regrets, c'était l'affreux kamsin qui les avait éveillés.

— Certes, Othon, votre souhait est fort naturel; mais vous savez bien que le ciel germanique ne se trouve pas à quelques degrés de latitude des sources du Nil.

Il ne me répondit point : décidément son esprit était frappé de l'idée qu'il ne reverrait plus l'Allemagne. Nous gardions le silence, quand il fut interrompu par de grands cris qui partaient du village; immédiatement après nous vîmes de tous côtés des hommes portant des torches enflammées descendre du village et s'arrêter à mi-côte.

— Qu'est-ce que ceci nous annonce, Othon?

— Appelez les Nubiens : ils nous l'expliqueront peut-être, me répondit-il.

Ceux-ci, après avoir examiné pendant quelque temps, nous dirent que cette peuplade adorait la lune, et allait faire une cérémonie religieuse; qu'ils avaient cette habitude durant les trois nuits qui suivaient la pleine lune.

Lorsque les noirs porteurs de flambeaux se furent tous réunis sur un plateau fort étroit, ils formèrent un cercle, dont le centre était éclairé par les torches; à l'aide de nos lunettes, nous vîmes trois hommes, bizarrement accoutrés, entrer dans ce cercle, tourner les uns autour des autres, en hurlant, puis sauter et gambader, comme des insensés. Les assistants se mêlèrent à leurs danses, et les cris les plus sauvages retentirent durant plus d'une heure; tout rentra alors dans le silence.

— La lune doit être fort satisfaite d'eux, me dit Othon d'un ton presque enjoué; voilà où l'ignorance et la sauvagerie réduisent les hommes. Il faut venir au fond de l'Afrique pour retrouver les superstitions les plus absurdes.

La singulière cérémonie dont nous étions les témoins avait pour but de rendre la lune favorable à la chasse que les nègres allaient entreprendre contre. les bêtes féroces, et surtout contre les autruches, qui se trouvent assez nombreuses dans un grand désert qui avoisine les hautes montagnes, sommets du large plateau de l'Afrique orientale , d'où l'on croit que sort le fleuve Blanc. Nous nous approchâmes du village dès le lever du soleil, ce fut une alarme générale ; tous les chasseurs se préparaient au départ quand ils nous découvrirent. Notre petite troupe avançait en bon ordre; Othon et moi marchions en tête, montés sur nos chevaux ; nos gens, formant deux pelotons, entre lesquels se trouvaient les bêtes de somme, nous suivaient de près. Arrivés à cent pas du lieu de rassem-blement, je commandai de faire halte, et envoyai mon Nubien déclarer aux nègres que nous venions en amis, ne voulant ni leur nuire ni enlever leurs trou-peaux.

Dès qu'il fut arrivé au rassemblement, il fut en-touré et nous le perdîmes de vue dans la foule ; il ne tarda pas à revenir, et nous rapporta une réponse pacifique. Les habitants nous invitaient à nous joindre à leurs chasseurs, prétendant que c'était leur divinité qui leur envoyait nos fusils et nos lances dans une pareille occasion : car, avaient-ils ajouté simplement, les bêtes féroces enlèvent toujours plusieurs de nos chasseurs.

Sans nous livrer à trop de sécurité, nous nous ren-dîmes en bon ordre au lieu où les chasseurs étaient rassemblés, et ne nous mêlâmes point à cette réunion tumultueuse. Les chasseurs avaient pour armes des flèches, des lances, des massues fort lourdes : ils por-taient de longs boucliers de bois souple, recouverts de peaux de rhinocéros, plusieurs de peaux de croco-diles, ce qui leur donnait un aspect tout-à-fait belliqueux. Au reste, ils étaient presque nus, de haute taille et très robustes.

Nous pûmes renouveler nos provisions, surtout celle d'eau, qui se trouva très bonne et très limpide. Nous partîmes quelques heures après et prîmes la direction que les nègres qui nous avaient antérieurement visités désignaient de la main. Nos nouveaux alliés marchaient sans ordre, sans cependant trop s'écarter les uns des autres. Nous nous tenions toujours en corps, attentifs à tous les mouvements de nos alliés.

La manière dont ils s'avançaient prouvait des gens qui ne se tenaient pas tout-à-fait sans précautions et qui connaissaient les dangers de la chasse entreprise. Ils avaient des batteurs d'estrade, recevaient fréquemment leurs rapports et se dirigeaient en conséquence.

Sans nous laisser entièrement diriger par leurs mouvements, nous les observions et nous tenions toujours à leur hauteur, sur la gauche. L'ordre de notre marche leur donna l'idée de nous imiter : ils se rapprochèrent et tâchèrent de se former en rangs comme nous ; mais cela ne durait qu'un instant, et aussitôt on les voyait galoper à la débandade, sur leurs mulets ou sur leurs dromadaires. Une circonstance leur prouva, dès la fin du premier jour de marche, combien notre ordre était avantageux. La contrée que nous avions parcourue était déserte ; çà et là apparaissaient de petits bouquets d'arbres. Dans les replis du terrain, le reste se montrait presque aride ; des troupes d'antilopes et d'autres animaux que nous ne pouvions reconnaître à cause de la distance, fuyaient rapidement vers le nord. Des chasseurs noirs se lancèrent à leur poursuite, mais on les vit bientôt revenir de toute la vitesse de leurs montures et derrière eux trois animaux bondissants; c'étaient des panthères. Aussitôt ils se rapprochèrent en tumulte, descendirent de dessus leurs montures pour être plus fermes dans la défense, car chameaux, mulets et ânes sont rétifs en présence des bêtes féroces.

Nous reconnûmes le danger que couraient quelques-uns de leurs chasseurs, que leurs montures emportaient, et nous nous avançâmes rapidement à la rencontre des panthères. A la vue d'assaillants au lieu de fuyards, ces bêtes féroces s'arrêtèrent, s'allongèrent sur le sol de toute leur longueur; leurs yeux ardents se fixèrent sur nous. Nous étions à pied, les bêtes en arrière; il était difficile de faire feu, les têtes remuaient continuellement, et le reste du corps semblait aplati sur la terre; les bonds prodigieux de la panthère, la souplesse merveilleuse de ses mouvements, en font un animal très dangereux. Nous avions six tridents : ils furent tendus obliquement sur notre petite troupe, tandis que nous guettions un moment favorable pour tirer. Ces trois bêtes féroces partirent comme trois flèches; nous ne pûmes leur opposer que nos tridents et nos baïonnettes; mais des bras fermes les dirigeaient : trois de nos gens furent renversés par les panthères traversées par les tridents, percées de coups de baïonnettes. Othon et moi les arrachâmes des griffes de ces monstres; je reçus un coup de patte et de griffes que ma cotte de mailles para, et la victoire fut complète. Mon serviteur Pierre soutint un instant une panthère au bout de son trident, et fut blessé à l'épaule, mais légèrement.

Mes deux chiens, qu'une nourriture de chair crue avait rendus presque féroces, se jetèrent au cou d'une panthère qui étreignait un des nôtres, lui firent lâcher prise et donnèrent le temps de l'achever. Nos alliés de chasse, restés spectateurs effrayés de cette terrible lutte, furent tout étonnés de nous voir un instant après autour des trois terribles bêtes féroces, qu'ils redoutent plus que le lion même. Nous nous trouvions

sur le passage d'une grande chasse des bêtes féroces,
car nous vîmes, à l'extrémité de la plaine, des troupes
d'animaux parmi lesquels les antilopes se distinguaient par la légèreté et la grâce de leur course,
fuyant vers le nord, et derrière, à une assez grande
distance, une bande de buffles noirs reculant devant
un ennemi que nous ne voyions point encore. Les
buffles reculaient lentement, serrés les uns contre les
autres, portant en avant leurs longues cornes, comme
une forêt de piques.

— Il y a des lions ou des tigres à leur chasse, me
dit Joussouf; ce que nous avons de mieux à faire est
de leur laisser le soin de s'attaquer et de se défendre,
car si nous nous mêlions de la partie, nous serions
assaillis par les uns et les autres; voyez comme nos
compagnons de chasse se tiennent en attente.

Les buffles, qui servaient comme d'arrière-garde
aux troupes timides que nous avions vues fuir, reculaient toujours, mais menaçants. Alors apparurent
deux lions; l'intérêt devint saisissant : les deux rois
du désert avançaient, tantôt dressés dans toute leur
hauteur, tantôt d'un bond en avant; il fut évident
pour moi qu'ils calculaient leur attaque. Derrière eux,
des bandes de hyènes accourues pour se rassasier des
restes du festin royal, couraient, sautaient, se tenant
toujours éloignées des deux partis. Je fus distrait par
l'approche d'Othon, suivi d'un Nubien qui portait
notre long fusil; il m'engagea à nous avancer à bonne
portée.

— A mon tour, me dit-il, de faire parler le fau-
conneau.

Dès que nous eûmes atteint cette distance, il visa
un des lions; moins heureux que moi, il le manqua,
l'animal avait fait un bond.

— Ah! chienne de bête, s'écria-t-il en colère, tu
ne pourras pas échapper à ma carabine.

Et il se mit à courir comme un fou : nous voilà obligés de le suivre, et d'engager une lutte terrible, dont nous ne pouvions nous tirer sans perte de quelques-uns des nôtres ; telle était mon opinion et celle de Joussouf.

Les chasseurs nègres poussèrent de grands hurlements et se portèrent aussi en avant. L'explosion, les cris affreux attirèrent vers nous l'attention des lions et des buffles. Ceux-ci restèrent immobiles, la tête tournée de notre côté : profitant de cette distraction, un des lions s'élança sur le cou d'un buffle, l'abattit, et à l'aide de son compagnon, l'emporta avec autant de légèreté que s'il n'eût emporté aucun fardeau. La bande des buffles prit la fuite en poussant des mugissements horribles.

— Il faut remettre la partie à un autre jour, dis-je à Othon ; je vous avoue que cette conclusion me soulage.

— Vous avez raison, me répondit-il : j'ai agi comme un fou ; n'en parlons plus.

Nos voisins avaient lancé plusieurs chasseurs à la suite des buffles. Une fois que ces animaux ont pris l'épouvante, ils se débandent et fuient toujours. Ils en tuèrent quatre et nous en donnèrent un.

Nous allâmes camper à une demi-journée de marche au-delà du lieu où s'étaient trouvés en présence les lions et les buffles, et nous nous établîmes, comme d'habitude, entre des arbres, en mettant une sentinelle. Les nègres s'étaient campés à deux cents pas de nous ; ils allumèrent de grands feux, et célébrèrent leur victoire par des chants et des danses, après s'être repus de la chair des trois buffles. Notre repos en fut inquiété : dans ces contrées sauvages, où le danger est toujours pendant, le bruit effraie dans le sommeil, et l'on ne peut se reposer en sécurité. Au tintamarre des noirs se mêlèrent les miaulements stridents des hyènes, les aboiements étranglés des chacals et d'autres cris sauvages; mais la puissante voix du lion ne se fit point entendre. Othon, qui ne pouvait plus écrire les événements de nos chasses, fuma pipe sur pipe, puis se mit à chanter une ballade allemande, dont la mélodie faisait un contraste si frappant avec la musique des bêtes farouches, que je me sentis tout ému, quoique je n'en comprisse pas les paroles. Cette voix musicale, cet air, tantôt doux, tantôt vif, me rappela des chants que j'avais entendus dans ma patrie : les larmes me coulèrent des yeux et mes pensées se reportèrent vers la France. Etrange être que l'homme !

Le lendemain, nos voisins avaient décampé vers le milieu de la nuit : nous ne trouvâmes plus que les os des buffles, sur lesquels les bêtes féroces avaient laissé l'empreinte de leurs dents. A quoi attribuer ce départ que rien ne causait de notre côté? Nous ne pouvions nous l'expliquer; ce fut mon Nubien qui nous donna cette explication : les chasseurs nègres ne vont jamais aux chasses éloignées qu'accompagnés de sorciers qui les dirigent ; notre conduite avait sans doute déplu à ceux qui accompagnaient nos voisins de la veille, et ils avaient donné le signal de s'éloigner. Cette explication, toute bizarre qu'elle puisse paraître, nous sembla la seule admissible.

Nous nous mîmes sur leurs traces, non pour les rejoindre, mais parce que la route qu'ils suivaient devait être la plus praticable et la plus sûre.

Dans une vallée marécageuse, où les traces de leur passage nous avaient conduits, nous trouvâmes la carcasse fraîche d'un mulet, et plus loin celle d'un nègre; nous nous arrêtâmes pour tenir conseil. Nous étions sur la lisière des joncs et des plantes aquatiques, protégés par des touffes de mimosas. Les débris d'homme et de bête ne portaient point les empreintes

des bêtes féroces, cependant le mulet était presque
dévoré; le corps du nègre, entier, n'avait aucune
blessure, mais des traces bleuâtres comme des spirales
entouraient tout le corps.

— Voilà de la besogne de serpent, dit Joussouf;
éloignons-nous de ce lieu. Le nègre et son mulet se
seront écartés de la bande et seront devenus la proie
de ces redoutables reptiles, qui se trouvent dans les
marais.

— Mettons le feu aux joncs, dit Othon, c'est le moyen
le plus sûr de les éloigner de nous, car il n'y a pas
d'honneur à combattre un serpent.

La flamme ne tarda pas à s'élever, se répandit
rapidement, mais mal nous en prit : des bandes de
reptiles de toute taille, de toute espèce, commencèrent
à déguerpir en sifflant; nous nous hâtâmes de battre
en retraite, tandis qu'ils étaient effrayés.

Je remarquai que nos bêtes de somme témoignèrent
plus d'épouvante qu'à l'approche des bêtes féroces:
Nous restâmes jusqu'au soir loin de l'incendie, et ne
reprîmes notre route qu'au commencement de la nuit.
Le feu avait nettoyé le passage, chassé ses dangereux
habitants, et sa lueur nous éclairait encore. Nous
suivions toujours les traces de nos ex-amis les nègres,
et ce fut ainsi que nous atteignîmes une vallée où
coulait une rivière assez forte, aux eaux limpides qui
laissaient apercevoir un fond de sables brillants.

— Que faites-vous? demandai-je à Othon, qui remplissait de sable une calebasse et la plongeait ensuite
dans l'eau en l'agitant.

— Ce que je fais, ami; ah! ah! venez voir; nous
pouvons désormais nous passer de banquiers, de
lettres de crédit. Voyez, cette rivière charrie des parcelles d'or.

J'en vis effectivement une forte prise au fond de la
calebasse. Il faut que l'or soit donc un des plus puissants

de tous les magnétismes, car je fus comme saisi par une force invisible, et portai mes regards avec une avide ardeur sur les sables de la rivière.

— Quoi! me dit Othon, vous restez ici bouche béante, quand il y a de l'or à recueillir! Campons ici; la moitié de nos gens ira chasser pour notre alimentation, et l'autre lavera ces sables aurifères.

Si l'or s'y trouve en abondance, nous prolongerons notre séjour; s'il est peu abondant, le désert est ouvert devant nous et nous nous y lancerons. La vue de l'or donnait de la gaieté à mon ami, et déjà son imagination, quoique lente, bâtissait de magnifiques châteaux en Espagne.

Les provisions en doura, en riz et autres denrées, ne nous manquaient pas; de beaux poissons circulaient dans les eaux limpides de la rivière : tout concourait au projet d'Othon, projet que j'avais adopté avec ardeur.

Notre petit camp fut établi le jour même; le lendemain nous le fortifiâmes, tandis qu'Othon faisait construire, avec des écorces d'arbres, de longues auges pour laver les sables. Cette soif de l'or s'était emparée de tout notre monde, et personne ne demandait à être employé aux chasses. Nous réglâmes cette affaire, en promettant aux chasseurs une part égale dans les produits des lavages : ainsi tous parurent contents.

Il fallait nous mettre à l'abri des nègres et des bêtes féroces. Rien ne rend soupçonneux comme la richesse : notre camp ne fut pas jugé assez bien fortifié; nous employâmes deux jours, d'un travail pénible, à l'entourer d'un fossé que défendaient des pieux aigus, à construire pour nos bêtes de somme des abris contre les ardeurs du soleil, et ce ne fut que le quatrième jour que commencèrent les lavages des sables aurifères.

La soif de l'or nous avait métamorphosés. Il était vraiment bien question de chasse quand, à travers une

eau claire comme du cristal, nos yeux étaient éblouis
par des milliers de paillettes brillantes, qui roulaient
les unes sur les autres soulevées par le courant, et
venaient se déposer dans le fond du coude que faisait
la rivière au bas de notre camp. Pour résister à une
pareille tentation il eût fallu que nous n'eussions pas
été hommes. De toutes les passions, la plus envahis-
sante, la plus âpre, la plus aiguillonnante, est celle de
l'or. Jusqu'alors je ne m'étais point connu, j'aurais
rejeté comme une injure sanglante l'accusation d'aimer
l'or en avare; eh bien! j'aurais eu tort : l'occasion
seule avait manqué pour donner l'éveil à cette déli-
rante avidité. Nous fûmes tous saisis de la même
fièvre; Othon, le flegmatique Othon, devint si actif, si
infatigable, que je ne le reconnaissais plus. En quelques jours, nous accomplîmes un travail que trente
hommes, notez que nous n'étions que quinze, n'au-
raient pu achever en y mettant le double du temps.

Avec quelle joie nous regardions le monceau de poudre brillante grossir et étinceler aux rayons ardents
du soleil. C'était à qui apporterait le plus de calebasses
pleines, à qui les agiterait le plus activement dans le
fort du courant qui emportait les sables, tandis que
les parcelles d'or plus pesantes se déposaient au fond
du vase. Déjà une peau de hyène, dont nous avions
fait un sac, était à demi pleine : nous la soulevions à
chaque instant pour apprécier l'augmentation du
poids. Si nos forces épuisées n'avaient pas réclamé de
la nourriture, nous aurions oublié de manger. La
cuisine fut négligée même par Othon; nous nous con-
tentions de riz et de chair à demi cuite; et chose à
remarquer, et qui prouve combien les passions
réagissent sur le physique, nos forces se soutenaient.
Il est vrai que nous passions une partie de la journée
dans l'eau qui, quoique tiède, entretenait cependant la
fraîcheur et s'opposait à une trop épuisante transpira-

tion. Que dirai-je? au bout de huit jours, nous avions trois peaux pleines de poudre d'or, et la rivière en apportait continuellement!

Eh bien! cela ne nous suffisait pas encore; nous voulions puiser la poudre précieuse à pleines gourdes, ne plus perdre de temps à la laver, et entasser un monceau d'or capable d'enrichir des rois. La source d'où tant de parcelles étaient emportées par l'eau devait avoir, non des parcelles, mais des pépites, devait avoir un fond d'or pur. Entraînés par cette enivrante espérance, nous laissâmes notre camp sous la garde des Egyptiens et des Nubiens, sous la surveillance des deux serviteurs d'Othon, et nous remontâmes le cours de la rivière, durant un jour entier. Nous apercevions toujours, à travers la pureté de son eau, les paillettes brillantes, mais en moindre quantité que dans notre coude, où le détour fait par le cours de l'eau, en le ralentissant, facilitait le dépôt de la poudre d'or. Les bords devinrent marécageux, et nous découvrîmes plusieurs fois de dangereux reptiles, entendîmes les hurlements des bêtes féroces; nous revînmes sur nos pas.

C'était vers le milieu du troisième jour que nous crûmes approcher du camp. Nous n'entendîmes aucune rumeur, nous crûmes être dans l'erreur; cependant c'était bien notre coude de rivière que nous avions devant nous. Voilà bien la touffe de mimosas qui s'élève à quelque distance du camp, et les grands arbres qui l'abritent. Nous hâtons le pas : le camp apparaît avec son fossé, ses pieux, je vois la toile de notre tente. Mais tout est silencieux, désert; nous entrons, pleins d'affreux pressentiments : nos gens ont décampé, ils ont tout emporté; ils ont emmené nos bêtes de somme, nos provisions, nos armes, et même mes deux chiens. Les peaux pleines d'or ont laissé leur empreinte sur le sable. C'est tout ce qui nous reste de tant de travaux ; c'est à cela qu'aboutissent tous nos rêves, toutes nos espérances. Nous tombâmes anéantis auprès de la seule tente qui nous restait.

La voix un peu triste d'Othon me tira de cet état ; il me dit :

— *Durum, sed fit lenius patientiâ, quidquid corrigere est nefas..*

— Que dit votre ami ? me demanda Joussouf.

— Il nous conseille la seule chose que nous ayons à faire, mon pauvre Joussouf : il me dit que ce qui nous arrive est bien dur, mais qu'il faut le supporter avec patience, puisque nous n'y pouvons rien.

— Il dit cela, reprit Joussouf ; mais nous sommes encore six bonnes carabines, nous avons la force, le courage ; craignons-nous neuf misérables voleurs, cinq noirs et quatre Egyptiens ? Eveillons-nous, t mettons-nous en chasse des voleurs.

— Vous parlez bien, Joussouf, mais ils auront aussi emporté nos munitions de guerre.

— Je ne le crois pas, je les ai enfouies dans la tente par précaution.

Je me précipitai à sa suite dans la tente, et eus la satisfaction d'y retrouver toute notre poudre, nos balles et deux tridents dont la hampe était brisée.

— Ils ne peuvent avoir, chacun, que dix coups à tirer, dit Joussouf ; mettons-nous à leurs trousses et ils ne nous échapperont pas. C'est ce que nous avions de mieux à faire.

Nous pliâmes notre tente et suivîmes les traces des bêtes de somme. Le soir, nous arrivâmes dans un lieu où ils avaient fait halte ; nous continuâmes notre route : il était évident pour nous qu'ils voulaient gagner le fleuve, pour de là se rendre par eau à Karthoum, les uns ensuite dans leur pays, et les autres en Egypte. La fatigue nous força de nous arrêter vers le milieu de la nuit, sous de grands arbres où

nous nous établîmes pour nous reposer. Tout en mar-
chant, notre chasse nous avait procuré assez de gibier
pour un bon repas.

Notre ardeur était telle que, dès avant le lever du
soleil, nous étions en marche. Pour abréger, je dirai
que le cinquième jour, nous atteignîmes un gros
village, peu distant du fleuve. Le premier objet qui se
présenta à nous, fut un de mes chiens, qui se jeta avec
une joie frénétique le long de mon corps. Il nous
fallait de la prudence, le hasard nous en dispensa.
Près d'une halte, entourés de nos bêtes de somme, les
voleurs se livraient au repos; enlever leurs armes
sans bruit, puis les garrotter fut pour nous chose facile.
Ils avaient bu une liqueur enivrante du pays et se
trouvaient désarmés et hors d'état de nous opposer de
la résistance.

Leur terreur fut telle qu'ils se roulèrent à terre en
poussant des gémissements. La population du village
fut bientôt réunie, et nous parvînmes à leur faire comprendre l'état des choses. Je leur distribuai en même
temps des verroteries, et ils se montrèrent bien inten-
tionnés pour nous.

Nous étions trop peu nombreux pour rester dans ces
contrées barbares, et d'ailleurs trop riches pour exposer
nos vies; nous prîmes donc le parti de descendre le
fleuve en bateaux. Nos bêtes de somme, notre bagage,
désormais inutiles, furent donnés aux nègres en échange
de trois bateaux et de provisions de bouche.

Les Nubiens étaient restés stupidement étendus
dans une tente, sous la surveillance d'un de mes serviteurs bien armé; mais les Egyptiens ne montrèrent
pas le même stupide stoïcisme. Ne sachant si nous
nous déferions d'eux, si nous les livrerions comme
esclaves, ou si nous les emmènerions à Karthoum
pour les faire empaler, ils restaient dans une affreuse
inquiétude. Nous avions besoin de rameurs, Joussouf

crut qu'ils pourraient nous en servir; il leur promit
grâce si, durant la navigation, ils ne nous donnaient
aucun sujet de plainte. Nous les plaçâmes séparément
sur nos trois barques, livrâmes les Nubiens à la dis-
crétion des habitants, et après avoir embarqué notre
trésor en trois lots, et nos provisions, nous commen-
çâmes à descendre le Nil Blanc. Notre voyage ne nous
offrit aucun incident, et le douzième jour nous abor-
dions dans le port de Kaithoum, bien décidés à continuer notre voyage jusqu'à Boulacq, pour de là retourner en Europe.

Le pacha, informé de notre arrivée, nous fit mander
à son divan : par le conseil de Joussouf, nous gardâmes le silence sur nos richesses, et lui fîmes un
récit détaillé de nos aventures. Le même motif de
prudence nous fit passer sous silence la trahison de nos
gens; il les eût fait emprisonner et eût appris d'eux ce
que nous voulions tenir caché. Dès que nous pûmes
vivre sans émotions, notre santé s'altéra et je tombai
malade, ainsi que mes deux serviteurs. Force nous fut
de prolonger notre séjour dans la capitale de la Nubie
égyptienne, et d'attendre des circonstances favorables
pour le retour.

FIN.

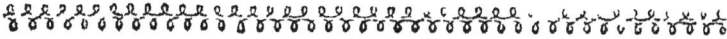

TABLE.

CHAPITRE PREMIER.

CHAPITRE II.

CHAPITRE III.

CHAPITRE IV.

FIN DE LA TABLE.

Limoges. — Imp. Eugène ARDANT et Cⁱᵉ.

www.ingramcontent.com/pod-product-compliance
Lightning Source LLC
Chambersburg PA
CBHW060146100426
42744CB00007B/922

* 9 7 8 2 0 1 3 7 4 9 4 6 6 *